摆脱
复杂关系

李正道 ◎ 编著

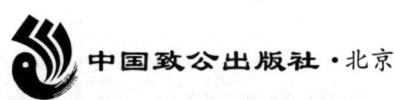

中国致公出版社·北京

图书在版编目(CIP)数据

摆脱复杂关系 / 李正道编著. -- 北京：中国致公出版社，2024.8
ISBN 978-7-5145-2287-7

Ⅰ．C912 11-49

中国国家版本馆CIP数据核字第20240PB660号

摆脱复杂关系 / 李正道 编著
BAITUO FUZA GUANXI

出　　版	中国致公出版社
	（北京市朝阳区八里庄西里 100 号住邦 2000 大厦 1 号楼西区 21 层）
发　　行	中国致公出版社（010-66121708）
责任编辑	王福振
责任校对	魏志军
责任印制	宋洪博
印　　刷	三河市天润建兴印务有限责任公司
版　　次	2024 年 8 月第 1 版
印　　次	2024 年 8 月第 1 次印刷
开　　本	710㎜×1000㎜　1/16
印　　张	14
字　　数	153 千字
书　　号	ISBN 978-7-5145-2287-7
定　　价	49.80 元

（版权所有，盗版必究，举报电话：010-82259658 ）

（如发现印装质量问题，请寄本公司调换，电话：010-82259658 ）

序

"大道若简。"越是错综的问题，越要赶快回归原点；越是复杂的关系，越要得到净化。但许多时候，为生活和事业，又不得不参与各种应酬。

有一个经常被人拿来娱乐大众的"励志"故事，大意是说：一个驾豪车的大佬，身背数千万贷款，却眼红一个开着价值几万的小汽车的人；这个开小汽车的人呢，又羡慕一个没房没车、只能骑自行车的人。背后的逻辑是：这个骑自行车的人没有贷款，每天过得踏实、充实，日子一天天向好；这个开小汽车的人每天一睁眼，就欠银行一笔车贷、房贷，好有压力呀；开豪车的人屁股后面有一大堆债主，算净资产竟是个"负翁"，数他穷！

这个故事反映出这样一个道理：人永远是个矛盾体。生意场合，在应酬方面这一点体现得尤为明显：太低调，累，活得不是滋味，什么尊严、面子，都是传说；做有个性的自己，自己一个人干，也累，还玩儿不转，因为你不是孙悟空；当你"蹦跶"得有点模样时，各种各样的人也都跟着围上来了，累不累？更累！想要成功，想要活得通透，活得有趣，还要活得不累，这样的事不是不可能。这就需要你有高超的识人、鉴人的智慧，以及过人的处理人际关系的能力。很重要的一点是，摆脱复杂关系。

天下熙熙，皆为利来。人都是趋利的，要不谁没事儿围着你转，还要察言观色琢磨你、研究你？你身上要有别人需要的东西才行。比如，你的才华，你的学识，你的品行，你的幽默，你的销售能力，你的口才，或者你处理各种人际关系的能力等。

别人为什么无缘无故靠近你，为什么花时间哄你开心，为什么能容忍你的个性，你心里要有数。

另外，当你拥有了一定的技能，或掌握了一定的资源，或掌控了一定的权力的时候，你身边的朋友便会多起来。这些人中，哪些人真正为你好，可以成为朋友；哪些人心怀不轨，会为你设置羁绊；哪些人浑水摸鱼，想利用你的弱点……你需要拨开重重迷雾，净化自己的朋友圈子。如此方能在对的时间，遇到对的人，做对的事情，收获成功的人生。

你自己不优秀，认识再多的人也没有用。你若优秀，自有优秀的人和你做朋友，你也终将会被这个世界温柔以待。

所以，有没有人围着你转不重要，你活得累一点也无妨，几只苍蝇、蚊子叮咬你也不要紧，但要让自己变得强大。同时，你要防备身边潜伏的损友，他要让你变得和他一样平庸，碌碌无为，甚至犯错误。所以，你要高度警惕，走正道，净化自己的人脉，复杂关系简单处理，别让乱七八糟的关系害了你。

人与人之间，关系越简单越好，越纯粹越好。

在人生的路上，你真正的对手是自己，你需要节省体力，走过那些艰难的路，摆脱那些复杂的关系，直达目标，取得成就，赢得尊重。

目 录
CONTENTS

第一章　别人为什么要围着你转

若存在，请证明 / 002

与"自己人"保持距离 / 004

有人求你办事，量力而行即可 / 006

想想别人为什么"哈"着你 / 008

酒桌上的话听听就好 / 010

层级法则 / 013

不可厚道得没有底线 / 015

对得寸进尺者，孤而立之 / 017

有些"宠爱"要小心 / 019

宁愿孤独，也不要被虚伪的友情纠缠 / 021

第二章　人际关系到最后都是做减法

见谁都是朋友的人 / 024

宰熟 / 026

狼角儿 / 028

爱拿友情说事的人 / 030

当你的原则、规矩与他人的相遇 / 032

主动和你亲近的人 / 034

离热衷说你隐私的人远一点 / 037

越亲近越苛刻 / 040

话说"窝里横" / 043

心里在意你的人，嘴上会"伤"你 / 045

第三章 把爱留给值得的人

有些伤害来自你的纵容 / 048

只取不予者 / 051

麻烦别人时的分寸感 / 053

承受不起时，要及时说"不" / 056

白眼狼 / 059

事事有功，须防一事不终 / 061

情分与本分 / 064

第四章　坐正、坐直，百毒不侵

背叛，是人生不易疗愈的伤痛 / 068

道听而途说，德之弃也 / 071

不给别人伤害你的机会，是对自己最好的保护 / 074

选边站 / 076

君子与小人 / 079

话说补台与拆台 / 082

反面观察法 / 084

第五章　做一个对别人有用的人

别太把自己当回事 / 088

有益的利用和有害的利用 / 090

莫要热衷弱关系 / 094

人情债 / 096

帮忙要留有余地 / 099

第六章 人生，尽在抬头、低头间

装傻 / 104

长个笨模样，脑子一定要活 / 106

莫只顾低头拉磨 / 108

与"精明"朋友的相处之道 / 110

适度摆一点谱 / 114

面对别人的轻视 / 116

第七章 多听少说

三年学说话，一生学闭嘴 / 120

听懂套话 / 122

爱泼凉水者 / 125

口是心非 / 128

刻意奉承的朋友 / 131

吹耳边风的朋友 / 134

从话题看朋友 / 137

第八章　别为哥们儿撑面子，也别抹不开面子

再好的哥们儿也不能依赖 / 142

只为虚荣撑面子，比来比去活得累 / 144

不要对哥们儿期望太高 / 146

关系有亲疏，交情有深浅 / 148

因利益结为朋友，常因利益撕面子 / 151

忌过分显示自己 / 153

板起脸来交朋友 / 155

话说得太漂亮了往往有问题 / 157

属于自己的东西，要好意思拿回来 / 160

第九章　远离负能量的损友

远离巴结权贵的朋友 / 164

远离经常张口借钱的朋友 / 166

远离抱怨生活的朋友 / 169

远离很"丧"的朋友 / 172

远离本事小、脾气大的朋友 / 175

远离惯于钩心斗角的朋友 / 178

远离小肚鸡肠的朋友 / 180

第十章 绕过人性之恶

脸上无波澜，心中要有数 / 184

没有同情心的人不配当你朋友 / 186

吃独食者 / 1989

生命在于运动，朋友在于走动 / 191

过河就拆桥的人，多薄情寡义 / 194

放低自己 / 196

人的报复欲 / 198

自恋型人格障碍 / 200

心太累，终于把"玻璃心"朋友"拉黑"了 / 203

别人牛皮满天飞可不点破，但要绕过 / 205

躲过"朋友"挖的坑 / 208

如果有一个"笑面虎"朋友 / 211

第一章
别人为什么要围着你转

苍蝇围着你转,或许是因为你不干净;猫咪在你身上磨蹭,不一定是对你表示喜欢,而是想从你这里获得食物。所以,当别人仰视你的时候,别把自己当太阳,也别窃喜;当别人远离你的时候,也别灰心。当你有价值的时候,该回来的都会回来。

> 人活着的原因，无非就是不断证明自己的存在。从出生到结婚生子，我们每一个举动都不自觉地要证明自己，告诉世界，我被谁需要，被谁关注！
>
> ——佚名

若存在，请证明

哲学家贝克莱说："存在即被感知。"人较核心的欲望，不是生理欲望，也不是求生欲望，而是"存在感"，即"我需要感觉到我是真实稳定地存在的"。你的存在感强，说明这个世界需要你，别人重视你。

在心理学上，存在感即获得爱与认同。可以说，没有存在感，你再有才华，再努力，也不会感到幸福。

现实生活中，常见到这样一种现象：一个富人身边总不缺少一帮围着他转的人，经常听他呼来喝去。因为富人给他们的不仅仅是薪水，还有一个体面的相识或"朋友"身份。更重要的是，让他们在同层次的人面前，能找到一种似乎"高人一等"的存在感。中国人喜欢说"物以类聚，人以群分"，我整天与董事长、总经理在一起共事，即使是其手下的一个小兵，也无形中拉升了自己的"位势"，希望别人高看自己三分。

有一次和老板去见公司的一个重要客户，客户到北京后入住了一家酒店。出发前，我联系了客户的秘书，多问了几句，对方不免透出几分傲气："老总刚到北京，昨天一夜没睡好，今天坐了几个小时的飞机，现在还没缓过劲儿来，想过来的话等我电话吧！"

老板没有等电话，直接带我们奔向客户入住的酒店。这个客户的性格很好，他亲切、热情地接待了我们，反倒是他身边的那位秘书对我们的不请自来颇有微词。起初我们向他表达了歉意，但他还是有些不爽。拜访结束后，秘书送我们到电梯口，不忘嘱咐一遍："下次一定要预约时间，你们这样很唐突，我会挨老总的骂。"

其实，哪里是老总要找他的碴儿，分明是他要在客人身上找存在感。你要知道，我们需要存在感，别人也需要。这就像你到某个单位办事，进门前先得和门卫打个招呼，哪怕只是点下头。你不打招呼，大摇大摆进去了，对其视而不见，即使对方是个摆设，你的这种无视也会让对方不痛快。

存在主义心理学家罗洛梅认为，存在感是心理健康的重要标志。可以说，存在感直接关乎一个人的自尊心。你重视身边的小人物，会增加他的存在感。在中国人看来，能与某个有身份的人吃顿饭，与某位大咖喝杯酒，不管能不能产生实际效用，至少也是一件很有面子的事，是很能增加个人存在感的。像股神巴菲特与别人吃一顿饭就能进账上百万美元，即便如此，想请他吃上一顿饭也不容易。为什么？就是因为他的名头大，因为存在感。在普通人看来，存在感就是面子，就是自尊；在商人眼里，存在感就是广告，就是品牌与商机。

存在感并不是自己动作、言语的发出，而是外界的有效回应。当有一天一伙人开始重视你，开始围着你转时，恭喜你，至少说明你小有成就了。你的成就越大，围着你转的人会越多，你能带给别人的存在感就越强。如果不努力，不跳出舒适圈，甚至就地"躺下"，你就永远没有存在感；一旦成名了、成功了，就会呼啦啦围上一群人，朋友多起来，愿意帮你的人也会多起来。

【鉴招拆招】

存在感如面子，当你给别人足够的存在感时，别人同样会反馈给你存在感。如果你不想让某人有存在感，不用打他、骂他，只要当他"不存在"就可以。而要想找回自己的存在感，就要自身强大，"存在价值"是你有存在感的前提，若存在，请证明，无须主动讨好谁。

> 虚伪的友谊有如你的影子：当你在阳光下时，它会紧紧地跟着；但当你横越阴暗处时，它就会立刻离开你。
>
> ——弗朗西斯·培根

与"自己人"保持距离

在社会上，什么都不会借、不懂"借"的人，难有人生与事业的突破。大凡有些作为的生意人、管理者，都是"借势"高手——没钱借钱，没资源借资源，没关系借关系，通过各种"借"，来补齐自己的短板，让自己有新的突破。除此之外"威"也可以借。

提到"借威"，会有人想到"狐假虎威"等具有贬义味道的人或事，这是我们基于过往观念的一种认识——我们看不惯拉大旗作虎皮，很讨厌人们借着权威、势力欺压别人。这种狐假虎威着实令人生厌。

在现实生活中，人们常"借"的"威"有两种：一种是威风；一种是威望、威信。人在极度窘困的状态下，一无威风，二无威信，甚至连借的资本都没有。所以，人人都会尽量避免陷入如此境地。一旦我们的人生与事业小有成就，如升了一官半职，那就要对身边的人格外小心了。围着你转的人，可能"借威"生事，甚至会拉你下水。

有个企业主管最近很犯愁，不知怎么管理下属。自从做了主管，为了便于开展工作，他刻意与下属保持距离，有时还会拿出点威严来。有几个同事和他私交不错，但就是干工作吊儿郎当，仗着是上司的"自己人"，经常搞特殊，让他这个主管很难办。一次，他当众批评了其中的一位，没想到对方撂了一句："当个主管有什么了不起！"事后，他找这位同事解释，希望他理解自己，但对方觉得他在玩权术。

为什么说距离产生美呢？如果距离太近，到了不分你我的地步，那么难免会破坏规则。尤其对于威严、威信来说，你的就是你的，我的就是我的，借人立威，借威生事，只会害人害己。所以，在现实生活中要当心那些围着你转的身边人，不该让其"借威"的时候，他即使转得像个陀螺也没用；该让其"借威"的时候，也要拿捏好分寸。

有一位老教授是学校的骨干，颇有声望。退休后，他除了写字、画画，很少参加社会活动，但还是有不少文化公司请他出席一些活动。他常常婉言谢绝。老教授心里清楚，他们都是冲着自己的名声来的，他说："有的活动给多少钱都不能去，坏了我的名声事小，坑了别人事大。有些公益性质的活动我还是愿意参加的，多少也算为社会做一点贡献。"

人都非常注重自己的名声。一个人的名声，往往都是被身边人搞臭的。表面上，他们对你百依百顺，好似屈从于你的威严，私下却借你的名办一些不体面的事，说一些有违公德的话。比如，哪个明星闹出了绯闻，哪个老板被曝光了糗事，大都是身边人放的"卫星"。

所以说，要想保持一个好名声，威不可乱借，友不可乱交，人不可乱信。说不定，在公司里那个围着你转得最勤恳、最忠诚的人，就是在关键时刻对你下狠手的人。因为他了解你，清楚你的软肋在哪里。

【鉴招拆招】

当你是"狐"时，遇到一个好上司，背靠一棵大树未尝不是一个好办法，如此可以借势成长，或者渡过难关；当你是"虎"时，定要分辨是非，要了解、管好身边的人。

不是真正的朋友，再重的礼品也敲不开心扉。

——弗朗西斯·培根

有人求你办事，量力而行即可

不管是大商人，还是普通员工，只要是能办事的人，就算是能人。即使是能人，也有求人的时候。大家你求我，我求你，彼此都是可用之人，相处起来互利共赢，这是一种正常的社会交往。

这种交往有一个前提，就是双方都有办事能力，有来有往。如果一个人能办事，一个人能力不足，那么他们的交往也不会长久，因一方总是有求必应，一味地单方面付出就容易失衡。

所以，当你在单位里有能力办一点事时，常会有身边的朋友求上门来，张口让你办出格事情的，或是有来无往、提出过分要求的，可以直接无视。需要小心的就是那些不断在你身上"投资"的人，这种人往往只字不提求你的事，有事没事只会往你身上贴，给你好酒、好烟，还经常哄你开心，让你把他当哥们儿。而背后自然有他的想法。

在功利的人眼中，你没用了，就碍眼了。当你经过默默努力，开始有人关注你、有求于你时，要清醒，不要"以为自己很重要"。这时，你需要做的就是别让"苍蝇、蚊子"整天围着你转。

怎么知道哪些是"苍蝇、蚊子"，哪些是良师益友呢？关键是"三看"。

一看其交友品行。品行是个很宽泛的概念，但就"求人办事"这一点来说，如果一个人太看重利，交朋友看重利益回报，甚至因小利不惜和朋友反目,那么要与这样的人保持距离。通常,他觉得你有前景,会有意黏着你,就像一个男人要打一个美女的主意,便会有事没事围着她转,时不时献点殷勤。一旦看你没用,或是没有取得预期的"投资"效果,就会立马和你形同陌路,继续寻找有价值的人脉。这种朋友少交为宜。

二看其交友嗜好。有些人交朋友,看重对方的出身,或对方的身份与地位,不屑与"平头百姓"交往。所以,要认识他这个人,最好先观察一下他的朋友圈。如果他总是喜欢跟在"大人物"后面,跑个龙套,却喜欢在小人物面前摆谱,甚至不可一世,那么这样的朋友今天能买你的账,明天就可能出卖你。

三看其能力大小。每个人的能力各有大小。说话是能力,办事是能力,甚至玩耍也见能力。说这个人有没有能力,要看他办什么事。如果他找你办事显得有能力,你找他办事没能力,说起话来有能力,做起事来没能力,那么还是让他站得离你远一点。

世上没有无缘无故的友谊,别人接近你,多半有他的道理。吃不透这个理,你再是个人物,也可能受制于人,甚至被玩弄于股掌之中。所以,认清那些靠你较近的人。

【鉴招拆招】

提起求人,很容易令人想起"求人难,难于上青天""求人如吞三尺剑"等语句。反过来,被人求也是一件难事,虽说"救人一命胜造七级浮屠",但不该帮的忙别帮,不该交的人慎交。

> 在业务的基础上建立的友谊，胜过在友谊的基础上建立的业务。
>
> ——约翰·洛克菲勒

想想别人为什么"哈"着你

某电视台有一档财经节目，每期邀请不同的创业者向台下的数十位投资人介绍自己的项目，之后投资人通过亮灯或灭灯的方式来表明自己的投资意向。然后进入创业者选择投资人阶段——从多选一，到二选一。在二选一阶段，两位投资人会尽可能说服创业者选择自己。虽然不少创业者在这个时候会很纠结，但最后还是会作出自己的选择。通常的理由是：他除了能给我投钱，还有资源借给我用。

什么是资源？

对生意人来说，资源就是渠道，就是品牌，就是人脉……你有无价值，不是看你银行有多少存款，开什么样的车，而是你有什么资源。有个企业家曾说过，即使现在变得一无所有，只要让自己从头开始，依然可以东山再起。自信从何而来？除了能力，就是资源。

资源可以理解为关系，也可以理解为人脉，抑或是靠山。总之，它会让人放大你的价值，甚至这种价值有时连你自己都看不到。有家公司，市场部有五六名员工，小张是其中一员，每天在其他同事铆足了劲儿努力的时候，他总是出来进去，一身轻闲，每到月底，他成交的客户却是最多的。所以，平时他不会被扣奖金，虽然工作态度不端正，但是不会被当作反面典型，老板还时常会拍着他的肩膀说些好听的话，态度十分客气。新来的同事觉得他是"老油条",是"刺儿头",或是老板的某个亲戚。其实不然,小张之所以这么"嚣张",在公司来去自由,老板还得"哈"着他,围着他转,是因为他手中掌握着大量的客户资源,是老板的"财神爷"。

你没资源,又缺少超强能力,在公司耍个大牌试试?要让别人高看你,甚至围着你转,要么你有高人一等的能力,让别人为你赚钱;要么你掌握了别人没掌握的资源,让人看到了你的价值。

在当今社会,如果你想做一些事,就要先清楚自己手中有哪些资源。即使是去应聘一份工作,你也常常会面临"你有哪些行业资源"这样的问题,因为有资源的人更受欢迎。

在人际交往中,别人想接近的往往不是你这个人本身,而是你背后的那些资源。这个世界从来不缺慧眼识珠的人,当你有了权力、有了关系等资源时,自然会有人来拉拢你,甚至会放弃自己的尊严来弯腰"哈"你。许多社交达人都希望成为这样的角儿:不管出席什么场合,即使当不了"主角",也要成为硬角色,让人高看几眼。但是,别人愿不愿意与你结交、捧你的场,主要取决于你这个人的分量,而你的分量不在于你说什么、做什么,而在于你拥有或可以撬动的各种资源。

人们都愿意抬头仰望公司的高管,即使攀不上关系,也会心存想念,万一怎么样,就会怎么样。当别人把你视为潜在的贵人,或觉得你是对他有所助益的人时,就会异乎寻常地瞧得起你、敬重你,甚至为此不惜屈尊。所以,当你突然在他人眼中变得有用,不一定是你真的有用,真的厉害,或许是他的错觉,或许你让他看到了其垂涎已久的某种资源,而这种资源足以让你对他产生强大的磁力。

【鉴招拆招】

和你借资源的主要有三种人:天才、人才、蠢材。天才会借一还十,是最佳的合作伙伴;人才借一还一,互利互惠;蠢材只借不还,只想"哈"着你。资源不是不可借,要借也要借给天才和人才,借给天才和人才是投资,借给蠢材是浪费。

宁肯与好人一起咽糟糠，不愿与坏人一起吃筵席。

——托马斯·富勒

酒桌上的话听听就好

人都顶着一张嘴，有人用其来办事，有人用其来说话，有人用其来吃饭，可谓各得其所。

在酒席或饭局中，我们常见一个角色，即局托，说白了就是烘托场面的人。别看平时此类人并无大用，但场面上不可或缺，没了他，这个局就不完满。这类人就是靠嘴说话，也是靠嘴"吃饭"的。

有一次，有位老客户来拜访老刘，上门推销一批产品。为了尽地主之谊，老刘热情接待了对方。客户知道老刘爱喝两口，自己有病在身，不宜饮酒，便从外请来了一个酒托，谎称是公司的王秘书。这个王秘书能说会道，陪老刘喝得美滋滋。酒足饭饱，老刘拉着王秘书的手说："你是我碰到过的最爽快的人，别的不说，就冲你这股爽快劲儿，这笔生意成交了。"

过了一段时间，老刘再次与客户吃饭，那位王秘书不见了。客户说，王秘书有要事在身，暂时来不了。但老刘还惦记着上顿酒，觉得那才叫喝酒，所以和客户这顿饭吃得有些不尽兴。后来，老刘得知王秘书只是一个酒托，便不再想做这位客户的生意，他觉得他们"欺人太甚"。

其实，我们每个人活得都像老刘，身边也都有这样的"王秘书"，在需要你的时候，"王秘书"会适时出现，不是给你灌迷魂汤，就是给你讲甜心话，让你过得像雾像风又像雨，风雨过后，只是凄冷的落寞。尤其是一些不经历场面的人，经常是别人给他帮几句腔，为他唱几句高调，他就不知所以然，美得像个醉八仙，却不知别人如此捧自己的场是别有用心。

会说话是一种艺术，说话说得让人感到舒服是一种修养，但是，当别人想方设法哄着你高兴时，多半是期望获得你的好感，期望从你身上得到他想要的东西。有人要的是成交，有人要的是友谊，有人要的是尊重，而有人要的可能就是一顿饭。

看似一顿饭的代价最小，实则它对你的伤害可能最大。和一群酒囊饭袋为伍，你可以是老大，可以高高在上，享受众星捧月的快感。但是，嘴可以喂饱，人心是喂不饱的，喂到最后，很可能会喂出一群"白眼狼"。

有个朋友创业，自己活得就够艰难了，还养活了几个员工。在困难时期，本来是可以裁员的，但是他这个人心软，觉得他们来北京打工也不容易，公司这么困难，依然不离不弃，只要自己有口饭吃，就不打算裁人。私下，他也找这几名员工吃饭，大家都说老板是个好人。但是，不努力工作，老板人好又怎么样？

朋友越是同情员工，员工越是混日子。终于有一天，公司发不出薪水了，朋友找每个员工谈话，讨论他们的去留问题。没想到，第一天裁人，第二天一份劳动仲裁书就寄到了公司。朋友欲哭无泪：我是掏心掏肺待你们，你们可是往死里整我呀！

以后，不管公司经营好坏，朋友只要发现员工混日子，一概开除，毫不留情。他说，人不能惯，惯久了，只会惯出"大爷"。想一想，真是这个道理。

人与人相处，也是如此。一边哄着你开心，一边从你身上捞实惠，你可以容忍一次、两次，绝不要有第三次。一次、两次，你提醒他，是在亮明你的底线，声明你的立场，如果非要等到让人摸清脑门软硬再做出类似的反应，反倒让对方觉得你太激动——早不说，早干吗去了。你把人惯坏了，到头来还都是你的错，你到哪儿说理去？

所以，人不要太相信自己的耳朵。习惯于在各种场合混吃混喝的人，高兴的时候，他们可以拍着你的肩膀喊亲人；伤心的时候，会一把鼻涕一把泪地向你诉说他们的不幸，亲如一家。一旦从你身上得不到实惠，变脸如翻书。识别身边的此类人，没有一概的标准，较保险的方法是，遇到自来熟的人，要多观其行，少听其言。

【鉴招拆招】

喜欢在饭桌上和你谈交情，并且让你花钱的人，再是个人才，有再深的交情，也要学会"冷"——人前给足面子，人后要冷眼旁观。

真正的友谊像一株缓慢生长的植物，必须经历并顶得住逆境的冲击，才无愧"友谊"这个称号。

——乔治·华盛顿

层级法则

穷在闹市无人问，富在深山有远亲。自古这都是人间的真实写照，也是人际交往的铁律：大部分人愿意与富人或有一定地位的人交往。和富人交往，即使不图名、不图利，心里也会得意。至少，和富人在一起，得到的商业机会要比和穷人在一起多得多。再者，被富人看得起，也是一种自我价值的证明。

所以，攀富在人脉圈中是一种时尚：谁结识的富人多，谁的能量就大。事实虽然未必如此，但从富人那里可以得到更多机会。

有一次，某汽车配件厂的张经理去参加一个会议。会场的保安都很严肃，有个保安却对张经理"眉来眼去"，总是跑上前来做一些服务员该做的工作，热情得不得了。张经理有些纳闷儿：这家伙没事儿吧？聊过几次，觉得人家脑子没毛病，他便一个劲儿地夸对方："你们是哪个保安公司的，真不赖！"会议结束后，那个保安尾随他出了会场，又是给他拂去身上的纸屑，又是给他带路。盛情难却，边走边聊，张经理才知道：原来保安是学汽修的，暂时做了保安，希望张经理能在公司给他介绍份工作。张经理见他精明能干，又获得过良好的培训，就把他介绍给了一个车间。

对需要机会的人来说，每个富人身上都有很多机会，甚至他们不费吹灰之力，就可以帮穷人觅得一份待遇不错的工作。这就是富人的能量，也是富人处处受人敬重的原因之一。

富人是一种稀缺资源。当你有幸成为这种资源时，多半会有许多人来找你。赵老板以前是穷光棍一条，没人认得他是谁，最落魄的时候，蹬着三轮沿街收破烂儿。那时，他孤身一人在城里，鲜有同学、朋友联系。有一次，几个老同学无意中又谈到这个没出息的老赵，难免一番挖苦，都觉得有这样的同学挺丢人，甚至同学聚会也选择性地遗忘他。但剧情很快就有了反转。用了两年的时间，老赵从"破烂儿王"变身为一家废品收购站老板，年入百万元以上。后来，他又搞了一个清洁能源项目，还打算在"新三板"上市。老同学打听到这个消息，纷纷登门拜访，一个劲儿地抱怨："老赵你这两年去哪儿了，想死哥们儿啦，没事也不来个电话。"

之后，隔三岔五就有人邀老赵唱歌、喝酒，还有人以给他介绍生意为名，和他谈合作的。大家都以有老赵这样的同学为荣，老赵却不以为意，只顾埋头发大财。

在生物世界中，有"丛林法则"一说。在人类世界，这种法则被进化为了"层级法则"。层次相同的人容易成为朋友，富人与穷人也可以成为朋友，但前提往往是，穷人不但需要仰视，还需要付出十二分的努力，显示自己的价值。

所以，当有人围着你转、恭维你、迎合你时，往往不是他的本意，而是在践行某种"层级法则"。因为人在地位、财富、声望比自己高的人面前，更容易变得顺从、低调。

【鉴招拆招】

即使你有魔术师般的万能本领，如果什么都没有付出，就不要随意接受别人的好意。古训言："吃人嘴软，拿人手短。"受人小利，说话不硬气，再强势、再有能耐，也会沦为别人的工具。

真正的友谊，无论从正反看都应一样，不可能从前面看是蔷薇，而从后面看是刺。

——弗里德里希·吕克特

不可厚道得没有底线

世上没有无缘无故的爱，在不该被爱的时候，得到意外的关心与照顾，不要急着激动，这往往不是爱，而可能是害。

习惯算计别人的人，总是会在对方最脆弱的时候下手：你失恋了，他会适时送上虚假的关心；你失败了，他会借机下个绊子；你得意了，他会让你再忘形一点……为了算计你，他会时刻惦记你，不断研究你，想想是不是很可怕？更可怕的是，他会潜伏在你身边，近距离观察你，甚至和你称兄道弟，但关键时刻可能狠狠伤你一回。

职场是一个竞争激烈的地方。有人凭实力取胜，有人凭心机取胜，有人凭踏实取胜，有人凭厚道取胜。有人一点不动脑子，听风是雨，常常被人利用。比如，有人嫉妒一个人，但自己没有足够的实力或勇气正面和那个人比拼，而是利用一个老实人冲锋在前，从而达到自己的目的。很多这样被人利用的人，非但不知道自己"傻"，反而天真地认为，是那个人坏。其实，那个人和这个被人利用的人毫无瓜葛。

公司市场部一位领导离职时，和小李说了很多关于同事小张的传闻，并说这是临走前对小李的"好言相告"。当时小李就蒙了：小张怎么是这样的人！平时的小张还是一个不错的同事，难道是人心隔肚皮？后来，小李反复推敲那位离职人的话，联想起他们曾在工作上有过冲突，才觉得那些话是有"水分"的。后来，他才弄清楚，原来那位离职的领导与小张不合，想借机挑拨他与小张之间的关系。想到此，小李不由得冒出一身冷汗。

从这件事上也可以看出小李缺少职场经验。一般来说，如果是老同事，应该对离职者有一个清醒的认识，对他的话有自己的立场判断。

这就给了我们一个启示，不管交什么朋友，想要免于被算计，就要看对方的心胸，看他的谈吐。不管做什么事，如果一个人总是难以得到平衡与满足，甚至由于一点蝇头小利就会产生对别人的不满与愤恨，那这样的人要尽量少结交。他与别人的交往方式，其实就是一面看清其面貌的镜子。

当然，在谴责他人算计别人的同时，也应该自我警觉，问问自己是一个容易被人利用的人吗？有人显得精明，和有人傻有关。精明人面对精明人，多半不会有表面上的利害关系，而老实人分不清时局，才会被精明人利用。

被人算计，表面上看是别人的过错，其实，还是因为自己不够用心。对于算计我们的人，要防范，要会躲。

【鉴招拆招】

做人要厚道，厚道在当下是一种优势，但是，不可厚道得没有底线，失去了辨别是非的能力。要知道，这个世界并不是蠢人太多，而是你身边的聪明人"太精"。被人惦记是幸事，被"精明人"惦记却很悲摧。

朋友之间，相求小事，顺水人情，理当成全。过分要求，得寸进尺，是存心丧失朋友最快的捷径。

——三毛

对得寸进尺者，孤而立之

平时，鲜有人喜欢结交那种斤斤计较、吃不得半点亏的人，如果说这种人只是看不上眼，那么多少让人还能够容忍，能够理解；如果是得寸进尺的人，就应遭到鄙视了。

喜好得寸进尺的人不一定是坏人，但多半是精于算计又十分厚脸皮的人。你脸皮薄了，对别人的得寸进尺就会打怵，你越是打怵，他越会在得了便宜之后卖乖，把你要讲的话挡回去，让你有苦说不出。

生活中，有一种得寸进尺的人，他们开始会因为面子容着你，一旦心理失衡，变脸如翻书，让你防不胜防。我们常见到这样的例子，平时兄弟姐妹相处得很融洽，等老爹或老娘一去世，为了几平方米祖上的房产，会捋胳膊挽袖子，针尖对麦芒，寸步不让，闹得不可开交。既然你撕下面子，那我也顾不上脸面，你想要"进尺"，我偏要想法子让你"寸"也得不到。一个个"乌眼鸡"似的，多有出言不逊，恶语讥讽，难免面红耳赤，伤了和气，甚至肢体接触，拳脚相加。都说"退一步海阔天空"，但为了点钱，同胞亲人互不相让，就没人愿意先向后迈出这小小的一步。到头来没见到有几个因此发了财的，却活生生抛却了多年的亲情，原本和睦的家庭变得四分五裂，本应亲密的家人反目成仇、形同陌路。

亲戚如此，朋友更是如此。好时同穿一条裤子，不分彼此。一旦一方贪得无厌，得寸进尺，大战迟早会上演。

有人说忍一时风平浪静，吃亏是福。此话不假，但也要看相处的对象。如果对方本身就是一头喂不饱的狼，你越吃亏，他的胃口越大，你的纵容和忍让只会助长他的贪心。再者，有多少人能有这样的肚量——一再退让、一再吃亏，依旧坦然淡定？更何况，"得寸进尺"的人很少有知足收敛的时候，而且都喜欢得了便宜还卖乖，似乎真正吃亏的是他们，一再退让者才是得了极大便宜的，不然的话怎么会一退再退呢？

所以说，与得寸进尺的人要少些利益往来，更不要以硬碰硬，比谁的嗓门大、声音高，看谁的手臂粗，以"力"服人。当然，在吃亏时，也不要一味回避退让，没有了黑白是非，到最后给自己添堵。正确的做法是：在自己心理承受许可的范围内做出力所能及的让步，但绝不要过于勉强自己。该说的话挑明了比捂着好，只要觉得在处理事情的过程中尽力了，也就为自己卸下了很大的一个精神包袱。

【鉴招拆招】

对得寸进尺者，应疏而远之，勿信其言，孤而立之。否则，你越是迁就他，他越贪心不足；你越是逃避他，他越气焰嚣张；你越是软弱，他越欺软怕硬。

好便宜者，不可与之交财；多狐疑者，不可与之谋事。

——左宗棠

有些"宠爱"要小心

不管你信不信，过分宠爱背后，往往也藏着陷阱。尤其是年轻美貌的女孩子，身边总不缺围着自己转的各式男子，这个英俊，那个潇洒；这个有钱，那个有情……让人眼花缭乱，一时不知如何选择。结果选一个最宠自己的，却发现竟是满满的套路。

小莉年轻漂亮，性格开朗，整天像个开心果，但谈过一场恋爱后，整个人变得萎靡不振，郁郁寡欢。原来，她从进入公司第一天起，就吸引了公司男同事的注意，很快，就有人向她表白，有人给她送花，有人请她吃饭，他们都有一个目的，想和她发展恋情。但是她觉得这些人都不是自己的意中人，直到翁经理出现。翁经理是情场老手。凭借多年的情场经验，他知道怎么讨女孩子欢心。所以，他不但给小莉送花，还关心她的工作，时不时为她营造一点浪漫的气氛。在小莉眼中，这位翁大叔不但有男人味，还这么疼爱自己，渐渐地，自己那颗冰冻的心慢慢融化了，开始投入他的怀抱。

后来，她发现翁经理有妻儿，很是郁闷了一阵子。再后来翁经理骗她说，自己只爱她，为了她会和妻子离婚，小莉信以为真，并怀了他的孩子。就在她向往自己的美好未来时，她被公司辞退了，她打算找翁经理问个究竟，却被告知，翁经理已经出国了。原来这是一个骗局，小莉如梦方醒。从此，她再也不相信爱情。

其实，真爱是存在的，只是因为太真，有时让人觉得淡然无味，而我们更愿意去感受浪漫,去接纳更懂我们的人。殊不知,越是懂你的人,越是会宠你的人,越可能是伤害你最深的人。所以,围着你转的人,不一定都是深爱你的人,但多半是对你有想法的人。

女孩子在情场如此,男性在事业上也不例外。如果你资历平平,却被委以重任,或被领导意外赏识,那你八成要走"狗屎运"了。小李并不善于开拓市场,他的专长在于技术,但有一天领导把他叫到办公室,说要让他去开发一个重要客户。小李不解,说市场部人才济济,让我这个木头疙瘩去找客户,那不是为难我吗?事后小李一想,觉得领导这么器重自己,怎么也得去一趟。见了客户,人家都懒得理他,还没沟通一分钟,便把他打发出来了。回来之后,小李如实向领导报告了情况,领导却很惊讶:"你是怎么搞的?之所以派你去,就是因为这个客户很重要,觉得你这人沉稳,会给客户一个好印象。"

事后,老板追究起这件事,小李才知道事情的原委。原来,这位客户与经理有一些矛盾,不想与公司合作,经理害怕因丢了客户被老板骂,便想把问题转嫁给他人,结果市场部的人谁都不去,小李却傻乎乎地去了。如果不是老板从客户那里了解到实情,那么这个锅多半要小李背。

我们总是羡慕有些人能集万千宠爱于一身,但我们很少去想,万千宠爱中,又有多少是虚伪、多少是真诚呢?所以,你可以无视那些轻视甚至讨厌你的人,但要防范那些刻意向你献宠的人。

【鉴招拆招】

别人占你便宜的方式有很多,应对之策也不尽相同。对于不伤及自己利益的小便宜,根本不用理睬,那是别人应得的回报,计较了反而不地道;对自己利益损失不大的便宜,能闭只眼就闭只眼;对自己构成精神与利益伤害的便宜,应寸步不让。

和人接触的时间越长，我越喜欢狗，狗永远是狗，人有时候没有人样。

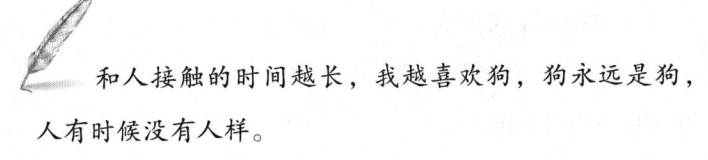

——佚名

宁愿孤独，也不要被虚伪的友情纠缠

如果你足够细心就会发现，围着你转的不少人有一个共性，那就是在嘴上会说"希望你过得好"，心里却"不希望你过得比我好"。我是月亮，你可以是地球，我可以围着你转，但我绝不希望你成为太阳。

正因为大家的层次差不多，所以会多了一些比较，有比较就有优劣，就有穷富，如此心头也就生出了一些五味杂陈：你好过了，我不好过；你不好过了，我难过也好过。在现实生活中，在围着你转的各层人中，越是离你近的人，或是和你层次相近的人，往往越喜欢以你为参照，来对比他的生活、事业、家庭，甚至孩子。反之，陌生人并不热衷于这些。

有时候，受到伤害，不一定是因为你弱，恰恰是因为你太优秀。

有个同学讲过他的一个故事。刚到北京，他找了份销售的工作，月薪五六百元，干了两个月，身上带的钱花光了，经常饿得两眼发直。当时，有个同学比他混得还惨，一个月没有找到工作，回老家去了。没事的时候，这位回老家的同学就给他打电话，问这问那，听说他混得还是那么惨，总会安慰他说：销售很有前途，慢慢会好的。每次网上连线，他们都会聊上一个小时之久。之后，他回归了老本行，做了程序员，收入翻了几倍。那位同学说程序员有什么前途，就是吃青春饭的，你还不如做销售呢。再后来，他做到了高级程序员。有一次，那位同学给他打电话，听说他买了房子，无厘头地来了一句"只有傻子才花那么多钱在北京买房子",然后那位同学便谎称有事挂了电话。此后,他再也不同那位同学交往了。他说:"从那一刻,我看透了对方是怎样一个心态扭曲的人。"

其实,我们身边有很多这样的人,在你落魄的时候,他们会缠着你,给你讲故事,帮你励志,让你从心底里滋生一种感动:真是知心朋友啊!等你的状况好起来,他也会缠着你,酸溜溜地讲一些让你丧气的话,嫉妒中会夹杂着贬损:你说月薪一万元,他说月薪两万元才勉强揭得开锅,可他自己的月薪可能才两千元;你说住七十平方米的房子,他会说一百平方米的房子也住得憋屈,可他自己连房子的首付都凑不齐;你说很喜欢现在的工作,他说等老了混不开了怎么办呀,可他自己本身就在混饭吃。什么时候,等你和他一样了,甚至过得不如他好,他就会像一个知心朋友一样,和你谈心,为你打气。

这种朋友处不得,要处也要保持适当的距离。许多时候,他鼓励你尝试,希望你创业,其实是想让你一败涂地;他支持你拿份稳定薪水,不赞成你折腾,是希望你和他一样原地踏步。一旦你和他拉开了层次,结果只有一种:他会远离你,以保持内心的平衡。

为什么成功者看似门庭若市,其实内心都是孤独的?就是因为身边这样的人太多,对这些人,他们能做的只有三件事:不断拉开与他们的差距;看透人心的虚伪与险恶,不轻易相信身边人;不浪费时间与精力去维护虚伪的友情。因此大凡成功的人,内心都愿意保持一份孤独的恬静,不希望被虚伪的友情纠缠。

【鉴招拆招】

有的朋友像秤一样。如果你比他重,他就低头;如果你比他轻,他就昂起头。也就是说,当你有名位、有权力时,他就卑躬屈膝、阿谀谄媚地向你低头;等到你的名位、权力没有了,他就昂起头来,看不起你了。

第二章
人际关系到最后都是做减法

古人云：交友带三分侠气，做人存半点素心。朋友之间应以诚相待，但也要保持几分警惕。就像在战场上，你的后背是留给队友保护的，而它往往也最容易受到不良队友的冷枪。如果他要伤害你，离你的距离越近，给你造成的伤害就会越大。所以，即使和对方如胶似漆，也不要过高地定义"朋友""亲人"。没必要刻意接近谁，也不必急于拥有谁，更不必勉强留住谁。珍惜美好，珍惜眼前。

> 选择朋友要谨慎！地道的自私自利，会戴上友谊的假面具，却又设好陷阱来坑你。
>
> ——伊凡·安德烈耶维奇·克雷洛夫

见谁都是朋友的人

现在，好多人都热衷于混圈子，积累各种人脉关系，什么朋友圈、同学圈、同事圈、书法圈、摄影圈、驴友圈……可谓名目繁多。交际广不是什么坏事，但是对交际广、见谁都是朋友的人，要心怀"敬畏"。

自己什么也不是的时候，没人把你当回事儿，大家都是一面之交，客套过后，还是形同陌路。如果你自我感觉良好地认为，增加了一些朋友，那其实是一种错觉！

有一次，老高上了一个培训班，学习市场营销，参训人员大多是企业主管。老高是公司市场专员，没一官半职，但是他言谈举止却胜似领导，有时出去谈生意，能以假乱真。在培训班上，刚认识的邻座的一位小伙子总是称他"高总"，对方把他当个大老板，恭敬得不得了，还要了他的电话，加了他的微信，有事没事"请安"似的来个问候。后来，那小伙子还说要介绍某公司老总给他认识，并且逢人就说，"这是我的朋友高总"。渐渐地，老高觉得这个人挺烦，就如实相告："以后不要叫我高总了，我只是一个市场专员。"之后，对方很少再来套近乎。沉寂了一段时间后，有一天，他想和对方在微信上聊几句，却发现早被对方拉黑了。其实，这种现象很常见。一个人能和你快速套近乎，就能快速和你翻脸。做朋友也是这样，真正的朋友是有距离的，亲而不近，近而不亲，不会动辄称兄道弟。那些和你没什么交情却一见如故的人，今天能和你投缘，明天也能和别人投缘，至于投缘过多少人，他也不记得。问他有没有真正的朋友？有，但不多！这种人普遍的一个特点是：你是有用之人，他会把你们之间的关系搞得很好；看你没用，立马和你划清界限。

每个人的时间与精力都是有限的，不可能除了吃饭睡觉，一有空就去交朋友，就去经营人脉关系，即便如此，那也要到一定的层次才行。你本身就是一个普通人，如果把交朋友作为主业，那靠什么经营自己？所以，那些见了谁都是朋友的人，往往展现的是一种交际策略与技巧，其实，他内心未必是那么想的。有一个主持人，看上去很和蔼，有一次在他的一档谈话节目中邀请了一位嘉宾，在录制节目的过程中，他与嘉宾侃侃而谈，你问我答，双方配合得很好，嘉宾谈到动情处，主持人还会表现出一点小激动，眼泪都快要掉出来了。没想到，录制完节目后，主持人私下说"这个傻子挺配合"。什么叫逢场作戏，这就是教科书般的案例。

现实生活中，见了谁都是朋友的人，或是那些号称朋友满天下、能量大得不可估量的人，他们善于逢场作戏。只是你不能太入戏，尤其是当你实力不够，层次也不够时，吃一顿饭、喝两次酒可以，第三次人家就没时间了，人家那么多朋友，为什么偏要在你的身上浪费时间？

所以，见了谁都是朋友的人，也是较为势利的一类人，他们和你聊天，与你套近乎，是想摸清你的底细与实力，请你吃饭唱歌，是想做你的生意。与这样的人就事论事谈生意可以，交朋友？还是算了吧，否则你不付出时间与金钱的代价，也要付出精神被伤害的代价。

【鉴招拆招】

得意时，假朋友认识了你；落难时，真朋友找到了你。岁寒知松柏，患难见真情；疾风知劲草，烈火炼真金；路遥知马力，日久见人心。不要一上来就和人交朋友，不经历风雨，你不明白谁是真朋友、谁是假朋友。

害人之心不可有，防人之心不可无。

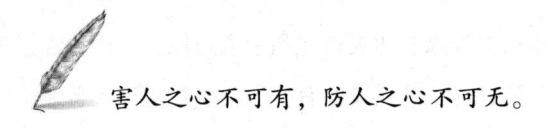

——民间俗语

宰熟

我们在时时提防小人的同时，应特别注意身边的熟人，他们中的有些人也有可能成为骗子，使我们处处被动。

传统观念中，在熟人圈子内部，其成员是彼此高度信赖的，他们是构造信任结构的基本纽带和基础。俗话说"熟人好办事"，现在改了，熟人就是"杀熟"的人。咱们不是熟吗？你不是信我吗？坑你没商量。

其实，有些人被熟人"宰"了，为了熟人这层关系，心里有苦说不出，还得所有问题都自己扛。为什么大家办事习惯找熟人？在我们的社会中，最主要是对熟人的信任和对陌生人的不信任，一直就是硬币的两个面。

就拿传销来说，基本都是以熟人为基础，他们大多是利用亲戚朋友间的信任感行骗。某市工商部门在捣毁三个传销窝点的行动中，查获的十六名传销人员全是亲戚、朋友关系。这些传销业务员发展的下线都是自己的同学、战友、亲戚、朋友等，更有甚者，先是母亲将儿子骗来，发展成为自己的下线，然后是上当的儿子如法炮制将父亲骗来，使之成为传销组织的一员。这个"传销家庭"及其下线分别以合伙做生意、介绍工作等名目，又蒙骗了更多的亲戚朋友加入传销组织。

目前流行的传销方式，一个值得注意的现象就是"熟人相见，分外眼红"：为了能使自己"致富"，不惜拉同事、同学、朋友、亲戚下水，这是一种很典型的"杀熟"现象。"杀熟"现象能发展到这一步，也可以说是相当成熟了。

在我们这样一个社会中，基本的信任结构本来就是围绕熟人建立起来的。相对于其他的信任结构而言，这种以熟人为基础的信任结构也是一种更为基本的信任结构。但在很多"杀熟"的过程中，恰恰是将这种最基本的，甚至是仅有的信任结构给摧毁了。昨天还以为是可信赖的人，今天就成了坑害自己、让自己上当的骗子。于是，人们就自然得出了一个结论：熟人也有可能成为骗子，除了自己，谁也不能信任。

其实，要想避免被熟人所骗，也不是没有办法，也不是说你周围所有的熟人都不可信。生活中，虽然我们经常离不开熟人的支持和帮助，但是，也要防止被熟人所"宰"。所以，平时要细心一点，多观察了解身边经常打交道的熟人，熟知对方的人品。

【鉴招拆招】

熟人骗熟人对道德是很大的伤害，会使人与人之间失去最起码的信任支点。所以，对身边有过不良诚信记录的人，要多个心眼儿，少些人情与经济往来。

> 如果我们做与不做都会有人笑，如果做不好与做得好还会有人笑，那么我们索性就做得更好，来给人笑吧！
>
> ——佚名

狠角儿

心太软的人干不了大事业。心太软，在各种错综复杂的关系与利益面前，就很难作出决断。要照顾这个人的面子，考虑那个人的感情，最后发现，什么也不做才是安全的。在人情社会中，如何处理身边人的面子、交情问题最能凸显一个人的处世智慧。

对身边人心太软，不懂得拒绝，怕伤害对方，最后，受到伤害的往往是自己。尤其在商界，这是一个不争的事实。要想免受伤害，在激烈的竞争中活下来，有时候就要把心横下来。

有个朋友借势创办了一家网店。启动资金只有一百多万元。后来，他四处游说，有个大老板给他投了二百万元，朋友拿到钱便开始招兵买马。公司运营了大半年，业绩惨淡，入不敷出。三百万元的本金眼看要耗完了，再撑一个月，发员工的工资都成了问题。于是，他又四处找钱，结果再没融到一分钱。时间不等人，朋友只能面临新的选择：公司要不要就此解散，大家各玩各的去。如果继续干下去，就只有裁员。

思考良久，他决定再搏一把。那该裁谁呢？用他的话说，"都是没日没夜与自己一起奋斗的小伙伴，大家以公司为家，亲如兄弟"。所有人都认为，他会通过降薪来留住大家。一天，他把所有员工召集到一起，吃了一顿饭。席间，朋友与大家的头杯酒还没有下肚，便哭得稀里哗啦，说对不起这个,对不起那个,还说自己没本事,不能给大家提供更好的机会。一席话,把一桌人都感动到了。

号啕过后,他一抹泪,还是向自己口中的"兄弟"举起了"大刀":你、你、你可以走了,你、你、你留下来。刚才还在安慰他的几个同事,竟然被开除了!他们一个个呆若木鸡。事后,这几个人骂他无情无义,做人太冷血。他得知后,淡然一笑:"我不让你们走,公司就得死。为了活下来,这个时候你说我什么都可以。"

之后公司又勉强活了几个月,最后还是倒闭了。但是他从不后悔自己的决定,他说,市场无情又残酷,做老板,你只有横下心来,方有活下来的可能。

其实,生活中这样的"狠"人很多。在平时的你来我往中,他们甚至表现得很善良,很有同情心。但是在攸关个人利益、面子的关键时刻,他们却往往能下得了"狠"手。像这样的人可以是一个好同事、好老板、好朋友,但都不是善茬儿。一旦他们为了自己的利益与你杠起来,多半会翻脸不认人,而且能下得了重手。与这样的人交往,感情与利益不要投入得太深,同时,也不要只注重其表面,要多留意其所思所想,以免误判形势。

【鉴招拆招】

志在山顶的人,不会贪恋山腰的风景。任何行业包括职业,都有竞争存在。要想做好一件事,或做成一件事,该"狠"时要"狠"。只有对自己"狠"一点,命运对自己才会好一点。

不要太把一个人放在心上，因为在那个人的心里，你或许什么都不是。

——佚名

爱拿友情说事的人

如今做生意，没几个朋友帮衬，单打独斗很难有所作为。所以，交朋友有时要有点"江湖味儿"，讲点义气，这样便于结交天下朋友。但是，"江湖味儿"太浓了，对友情也是一种糟蹋，因为不该讲哥们儿义气的时候，拿友情说事儿，对别人也是一种负担。

很多人使用微信，但没有在微信中买东西的习惯。微信朋友圈中，每天都有人刷到卖保险、卖房子或是各种化妆品的信息。起先因为手欠，偶尔会去给人点个赞，留个言，帮着拉拉人气。结果，问题也就跟着来了，给一个卖保险的朋友点了赞，还说他副业搞得不错。对方很快就回复了一条，说公司对每个业务员都下了指标，这月怕完不成任务，你一定要帮朋友这个忙。这个也能帮忙？委婉拒绝说不需要，对方却假装听不懂，只管向你推销：一个月交多少，多少年后取多少，比存银行多赚多少……如果碍于面子，没说出那个"不"，那么过不了几天，对方就会又来电话。遇到如此的朋友，拒绝就应果断，不留余地。

其实碰到类似的事不止一次。每次，当你碍于面子，碍于友情，越是狠不下心，越是说不出那个"不"字，对方越是把友情绑得更紧。

大部分人都不反感别人推销，干任何工作都值得尊重，需要理解，但是当你硬生生地把友情当买卖时，只会让人敬而远之。

友情，作为人与人之间珍贵的情感，为什么有时显得一文不值，有时又那么容易破裂？就是因为它捆绑、承载的东西太多，当它不堪重负时，崩塌是必然的。不可否认，在这个世界上，目光短浅的人，会用一些利益砝码来衡量友情的深浅，用"得到"衡量友情的质量。如咱俩有一点交情，今天我花十元钱请你吃一碗麻辣烫，你可能会觉得咱们的友情就值十元，因为我愿意花二十元钱请另一个人去吃一碗牛肉面。所以，当我向你借三十元钱的时候，你可能会说，兜里只有十元，借，拿去；不借，是感情没到那份儿上。如果感情到了那份儿上又怎么样呢？你今天借我三十元，我回头和你做三百元的买卖！做生意就是做人情嘛，如果我得不到预期的结果，那么多半是你不把我当朋友。

想一想，现实生活中，朋友、亲戚反目，几乎无一不是这种感情与利益博弈的结果：因为是朋友，因为老交情，因为关系好，你就应该如何如何，如果不如何如何，那就是不够意思，不够朋友，不给面子。这种赤裸裸的友情绑架无异于道德敲诈，会一次一次突破人的心理底线，总有一天，当这种绑架不再好使的时候，你们之间的友情也就没有任何意义了。

【鉴招拆招】

任何时候都不要用友情去绑架朋友。当然,遇到这样的朋友,也要保持距离，否则，他们会像榨汁机一样榨干你身上的一切。等到哪一天你的价值消失了，那么友谊也就走到了尽头。

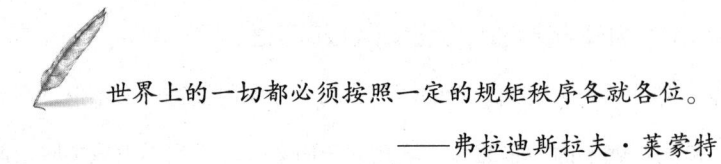

> 世界上的一切都必须按照一定的规矩秩序各就各位。
>
> ——弗拉迪斯拉夫·莱蒙特

当你的原则、规矩与他人的相遇

早年间，李鸿章曾到英国、美国、荷兰等国走过一遭，玩得很尽兴。刚到美国时，他就问接待他的一个美国人：你能听懂中国话吗？你是哪里人呀？你一个月赚多少钱？妻子也是美国人吗？她怎么没有陪你来呀……

问个没完没了，还全问些私事，人家不高兴了："你能尊重我一下吗？"

"你说啥？"李鸿章一听就怒了，"哎呀，没看出来，脾气还挺大，既然你这么不懂事，那我现在就来告诉你，按天朝的规矩，我既是你的长辈，又比你官大，问你什么，你老老实实回答便可，哪儿来那么多废话？"

他还向美方投诉了接待官员的无礼，美方的答复是："中堂大人，你说的是天朝的规矩，那些规矩在这里不好使。"

"不好使？"李鸿章不开心了，"为啥不好使？"

对方答："那些规矩太不尊重人了。"

你到了别人那里，就要按别人的礼仪来，这就是规矩，也是我们常说的游戏规则。就拿人情世故这点来说，老外谈客户做生意，有他们的一套路子，回到中国，那套东西全搬过来却未见得有效，那怎么办？按中国人的套路来。比如，我今天到了某地，请客吃饭就要多遵从当地的风俗，明天到另一个地方，就需要了解这个地方的一些文化，后天又换了一个地方，那就再去了解这个地方的一些规矩。讲这个的意思是说，你到了一个新的环境，与一些生面孔接触，要知道这里谁说了算，什么该做，什么不该做，要尊重什么，避讳什么……

与陌生人相处如此，与身边的人相处更应如此，不能说咱们关系好，是朋友，该讲的规矩就不讲了。比如，你是一位领导，和下属的关系搞得不错，私下里，下属也许会称你"哥"，但在正式场合，这种称呼就不恰当。这是一个规则问题，不能说关系好，连这一点都不讲究。表面上看，他把你当哥，实则他心里未必有你这个哥。

再如，你是个讲师，和老板有多年交情，整天低头不见抬头见，那你是不是可以和老板说："老大，从今往后，咱们五五分成好不好？"不可能的，老板可能只给你10%的提成，这就是规则问题。这个地方他是老大，你也想过来当老大，就会坏了规则，规则一坏，许多事情是没有办法做下去的。

在与人交往时，我们要注意这个问题，同时，也要注意对方在这个问题上的态度。如果一个人处处不讲规则，以我为主，表面上看，是他不懂得为别人考虑，或者"不懂事"；实际上，他是目中无人。和一个目中无人的人走得太近，风险也是相当大的。这样的人一旦得了势，会高高在上，忽略你的努力与付出，甚至会看低你，无视你。物以类聚，人以群分。即使其不得势，需要围着你转，也难免会影响到你的名声。

【鉴招拆招】

尊重别人就是尊重自己。每个人都有自己的原则，都有自己做事的规矩。当你的原则、规矩与他人的相遇，甚至产生冲撞时，要表示自己的宽容。面对你的宽容，如果他不尊重你的话，不用太在意，你已经做得很好了，是他的问题而已，你不用自责什么！

> 友谊！世界上有多少人在说这个词的时候指的是茶余饭后愉快的谈话和相互间对弱点的宽容！可是这跟友谊有什么关系呢？
>
> ——亚历山德罗维奇·法捷耶夫

主动和你亲近的人

有句话说："日防夜防，家贼难防。"当我们对这个社会保持警惕和防备的时候，往往会忽略了身边的人，尤其是围着自己转的老熟人、老朋友。因为他们是"自己人"，所以，我们本能地会放松警惕与防范，甚至会主动将自己暴露在对方面前。

尤其是那些主动亲近你的朋友，对方虽然总是一口一句"兄弟"，总是对你保持微笑，总是和你形影不离，但这也可能是他们为了引诱你上当，为了消除你的戒备之心而使用的障眼法，等到你被迷惑之后，他们就可以轻易欺骗你。

都说人心隔肚皮，很多时候我们的眼睛也会欺骗人，很多时候我们会被朋友的"表演"所迷惑。当朋友在你面前信誓旦旦地许下誓言，当朋友总是在你面前表现得很殷勤时，你是否怀疑过对方心口不一，是否了解对方的心里到底在想些什么？多数时候，我们并没有认真做好准备，并没有具备应有的防备意识，我们认为那些亲近自己的朋友就是好人，就是真正对自己好的人，这样显然太草率了。轻易就怀疑朋友当然也不对，但是我们要保持戒备之心，要懂得做好必要的自我防备，这也是一种自我保护。

如果你总是将自己全部暴露在朋友面前，总是无条件地奉献自己的一切，那么一旦友情出现了问题，你又该如何来消除潜在的威胁和对自己所造成的严重伤害呢？

其实，越是和我们靠得近的人，越有机会给我们造成更大的伤害，因为他们了解我们。美国制造业和能源业的大亨大卫·科赫有一个很要好的朋友，两个人曾经想过合伙创业，不过因为其他的原因，这件事搁浅了。某一天，这个朋友对科赫说他看中了某个项目，需要一笔钱进行投资，希望科赫能和自己一起投资。其实科赫早就想和朋友一起做生意了，只是说起投资，他并不在行，对他来说几个人一起开个公司似乎更好一些。

但是朋友说这项投资的利润很大，而且没有太多强大的竞争对手，因此升值和发展的空间很大。科赫听后当场就同意了朋友的话，毕竟这个朋友是自己信任的人，只要对方认为值得投资，那么这件事八九不离十了。几天之后，科赫将钱全部交给了这个朋友，当时朋友还许诺几个月就能回本，科赫听了自然很高兴。

可是过了两个月，他一直都没有看到这个朋友，也没有收到任何消息，这个朋友就像是凭空消失了一样。就在这个时候，有人对他说这个朋友到处借债，早就卷款逃跑了。科赫觉得很惊讶，于是找到这个朋友的老家，结果那里早就人去楼空。这下科赫才明白过来，自己上当受骗了，觉得非常后悔也非常生气，因为他万万没想到自己最要好的朋友竟然会出卖他。

后来科赫和自己的兄弟一起创业，并获得了非凡的成功，成为美国数一数二的富豪。而就在他功成名就的时候，突然在纽约的街道上看到了当年的那个朋友，对方看上去落魄不堪，衣衫不整，科赫并没有表示同情，而是径直将车开走了。很显然，经过上一次的教训，他已经不想和这个朋友有任何来往了。

明枪易躲，暗箭难防。伤害往往来自身边的人。如有些人常常会将秘密说给朋友听，以为朋友会帮他守住秘密，没想到，朋友却成了放大器，非但没有尊重他的隐私，还把它作为谈资。

所以，对围着自己转的人，要有一定的警觉性，要有基本自我保护意识，尤其不要将自己的全部都暴露或者寄托在某一个人身上。

【鉴招拆招】

好朋友也要分你我，平时与朋友相处，要尽量保守一些私人秘密，敏感问题上要和对方保持一定的心理距离。这样才能够有效防备来自朋友的背叛和伤害，防止可能出现的友情危机。

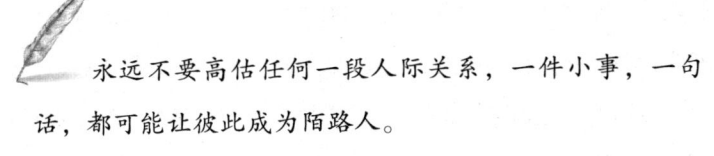

> 永远不要高估任何一段人际关系,一件小事,一句话,都可能让彼此成为陌路人。
>
> ——佚名

离热衷说你隐私的人远一点

朋友之间,好也隐私,坏也隐私。这话怎么讲?很简单,因为是好朋友,所以相互之间会分享一些隐私。最后不欢而散,甚至彼此伤害的,也是因为隐私。这种事情在生活中司空见惯,即使在网络上,我们也经常看到,某个网红或是大咖和朋友、经纪人或合作方翻脸了,一方有时会曝出许多惊人内幕,吸引人眼球,同时也会对当事人的精神造成很大打击。

可见,和别人分享秘密,看似是一种证明彼此之间亲密关系、表达信任的方法,其实隐患多多,因为谁也无法保证,某一天双方互撕的时候,这些秘密不会成为对方要挟你的把柄。

做人还是应该更加谨慎一些,不能因为一时冲动就将自己所有的隐私都拿出来分享。老子说,国之利器不可示人。一个人有什么压箱底的东西,有什么最隐秘的私事都要懂得保护起来,要懂得深藏心底,如果轻易拿出来分享,就有可能将自己推入险境。在生活中,我们常常会看到一些好朋友,在分手之后相互拆台,将彼此的缺陷和糗事全部爆料出来。

当我们感叹友情不再,感叹人生变幻无常的时候,是否想过:如果你当初理智一点,守住自己的隐私,那么你今天也不会遭遇如此的尴尬。只能说,是友情让你变得"很傻很天真",让你失去了自我保护意识。

张军和李晓龙是发小,两个人曾经在同一个学校上学,又一起进入同一家公司上班，是非常要好的朋友，正因为如此，平时两个人都待在一起，几乎无话不谈，彼此之间也很少有什么秘密。就连张军身上有几颗痣，分别在什么地方，李晓龙也知道得一清二楚，更重要的是两个人有着很多共同的爱好，因此总是能够轻易聊到一块儿去。

工作之后，张军和李晓龙不仅是同事，也是潜在对手。因为两个人都是公司重点培养的对象，并且领导也很器重他们，所以，彼此也开始有些较劲。两个人除了工作上存在竞争关系之外，平时的工作理念也有一定的分歧，比如说张军习惯了自由，并不喜欢严格的管理，他渴望公司能够更加人性化一些，他还在私底下对李晓龙透露，自己曾偷偷写匿名信向上级状告自己的上司，原因就在于对方常常不通情理。而李晓龙觉得公司管理严格一点没什么不好，毕竟人都是需要管理才能认真把工作做好的，并且他觉得结果很重要，只要能够让员工把工作做好，那么无论采取什么样的手段，什么样的方法，都是无关紧要的。就因为这点分歧，两个人常常争论不止，甚至吵得面红耳赤。

后来，公司决定提拔新人，这下张军和李晓龙直接成了对手。从此，两人经常发生争执，不再像以前那样亲密无间了。没过几天，张军突然被叫到了办公室，领导问他是不是对自己的管理方法有成见，面对领导的责问，张军哑口无言。而更让他惊恐的是，领导突然说自己曾经被人匿名检举的事情，这几乎让张军吓出一身冷汗，因为这些事情他只和李晓龙说过。想到这儿，张军后悔莫及，他后悔不该将秘密透露给朋友。

做人还是应该懂得适度原则，即便是在朋友之间，也要保持适度的距离，相互之间要说一些适度的话，要将那种亲密行为控制在一定限度之内。这样做其实对双方都有好处，对于感情的维护也很有帮助。如果没有什么限制，彼此之间缺乏必要的约束，那么将会把自己完全暴露在朋友面前，所有的缺点也会全部显露无遗，而这可能会让你遭受重大的打击。

不少人认为，因为是朋友，所以要相互分享一些秘密。其实，君子之交淡如水，友谊并不是依靠亲密度来维持的，亲密与否并不能完全代表友情的好坏。有时候看上去很平凡、很普通的交际方式，反而透露出浓烈的情感，有时候看似不怎么往来的朋友，很可能交情匪浅。

　　李白和杜甫当年相遇的时候，不过是喝了几次酒，从此便各奔东西，可是杜甫却将之引为生平一大快事，他将李白当成一生的好朋友来对待。在他的诗歌中，无不透露着对李白的思念、敬仰和羡慕之情。这种友情虽然隔着千山万水，隔着年龄的差距，而且李白似乎很少说起杜甫，即便是这样，这份情谊也依然令人动容。

　　相反，那些亲密往来的朋友可能暗地里相互较劲，相互排斥和陷害，那些称兄道弟无话不谈的朋友很可能会反目成仇。所以我们需要消除对友情的误解，要明白有时候过于亲密的表现，过于坦白的交流，很可能会给自己留下隐患。

【鉴招拆招】

　　如你的私密被别人抓在手里，对方很可能会以此来要挟你。为了防备这样的情况出现，不要轻易和人分享自己的秘密，把隐私暴露在别人面前。否则，你会成为对方砧板上的鱼肉，只能咽下任人宰割的苦果。

你通常会发现自己跟没有什么话可说的人在一起时反而话更多。

——帕菲萨

越亲近越苛刻

作家亦舒说过一句话:"如果人人都能对亲密的人客气一点,对陌生的人苛刻一点,就天下太平了。"然而事实往往是,对待陌生的人,我们客气讲理、宽容大度;而对待亲近的人,我们却习惯成自然地不懂礼貌,不会温柔,不是大呼小叫,就是懒得搭理。

亦舒讲得很有道理,这就像到外地旅游一样,第一次看到某地沿途的风景,什么都觉得很新鲜,山是这样的山,水是这样的水。但是对自己生活的地方,即使风景再美,也会熟视无睹,因为有些审美疲劳了。

对身边的朋友,我们也有这样一种心理。因为是陌生人,对方不了解自己,为了给对方树立一种全新的好印象,我们常常会尽可能地表现自己的好礼貌、好状态,以期获得一个好评价。对朋友就不同了,大家彼此太过了解,表现得过度,反而显得太假。因为知根知底,向朋友提要求的时候,往往会显得苛刻。

一次,小曹妈妈单位组织自驾游,小曹也跟着去了。一路上,她的妈妈担任出纳和后勤,不但事情料理妥帖,还把朋友们照顾得十分好。几位叔叔阿姨齐声称赞:"你妈这人,十几年没变,脾气真好!"

小曹笑笑,心想:妈妈平时在家不是这样的人呀,她经常吆五喝六,不是唠叨爸爸，就是经常发一些小脾气，没想到在同事中能有如此好评。

听叔叔阿姨们一说，小曹才知道，在她眼中坏脾气的妈妈在单位竟没有发过一次脾气，是宽容大气的典范。这也让她有些纳闷儿：为什么妈妈对外人总是很客气，可在家老把我和爸骂得狗血淋头？妈妈将在外面受的委屈，一股脑儿地发泄到了家人身上。外婆炒的饭菜不可口，她要碎碎念半天；外公没帮她办成事，她几天都不跟他说话；我没把地板拖干净，她会瞪大眼睛吼着让我重拖；爸爸应酬回家晚了点，她会在家门口骂到他认错才开门……

有时候，小曹也会和妈妈吵架，吵过之后，她会想：会不会老妈到更年期了？可再想想，她似乎在我很小的时候，就是如此了。

有一次，她问起妈妈这个问题。妈妈说：你们是我的亲人，我何必要戴着面具做人呀！在外面，拒人千里之外，我还怎么混呀！小曹不知道她是什么逻辑。

其实说到底，我们和陌生人客气，多半是碍于面子，不熟的人，交往浅，有了矛盾、不满，本着不伤和气、不丢脸面的想法，忍忍也就过去了。可面对亲人，知道他们是爱我们的，也确信他们不会离开自己，即使放肆地宣泄任何情感，也都能够被他们原谅。

毕竟朋友、同事不是家人，在与他们相处时，有些感情的宣泄、苛刻的要求往往不会被原谅，反而会加深彼此的隔阂。所以，在同样的场合，当有朋友很在乎陌生人的存在，而忽视你的存在时，他多半是为了某种面子。同样，当他有了不满情绪，对别人表现得很克制，甚至举止优雅，而对你很冲动，很没有风度时，一定因为你是他的朋友。

这时，你要么选择接受，接受因为友谊而被伤害的代价；要么选择针锋相对，考验一把友谊的含金量。许多好朋友正是因为接受不了这种代价，或是认为友谊的含金量不足，而选择了相互伤害。

许多时候，因为是最亲近的人，所以我们肆无忌惮；因为是最亲近的人，所以我们会有压力；因为是最亲近的人，所以我们觉得应该得到理解。这样的后果是，我们可能会与亲人的关系僵化，最后让自己受伤，也伤害了最亲近的人。

【鉴招拆招】

好朋友、亲近的人，也需要客气，也需要包容。只有拿捏好分寸，别因为友情而对对方要求太多，让彼此做到进退自如，双方受到的伤害才会少一些，友谊的成色才会更足。

深深地伤害了最爱我的那个人,那一刻,我听见他心破碎的声音。直到转身,我才发现,原来那声心碎,其实,也是我自己的。

——张爱玲

话说"窝里横"

说起"窝里横",很多人眼前立马浮现出一只扛着红缨枪、耀武扬威的Q版小老鼠。为什么?在外一团和气,对内咄咄逼人。习惯于窝里横的人,有时把你当朋友,不是因为你们有多深的交情,而恰恰因为你容易被支配,你没有脾气,或者说你吃得起亏。如果换一个硬气一点的人,那么他的"横"从何来?所以说,一个人"窝里横",背后至少有一个受气包供他发泄。

小陈从小生活在村里,她听大人们说得最多的话就是"吃亏是福""做人要厚道"。家里从父母到叔婶,一家子都是老实厚道人,对人和气、处事有礼,宁可自己吃亏上当,也绝不亏待任何人。受他们影响,小陈虽然自己情商不高,性格不完美,但从小耳濡目染,也深知为人处世应该讲求礼尚往来,对别人的帮助要滴水之恩涌泉相报。

但自从有了男朋友后,她的世界就变了。

在她生日那天,满心希望男友能给自己准备一份意外的惊喜。可是他不仅不能回来陪自己过生日,连礼物也忘了准备,不管自己左一个暗示右一个提示,他死活不接腔。一气之下,她在电话里把他大骂了一通。

换作朋友或是闺密,记不记得自己的生日,她根本不会在意。她为这件事给出的解释是：因为我在乎他，所以才骂他。之后，她和男友常会因一点点鸡毛蒜皮的小事就折腾得鸡飞狗跳。有时，本来约好两人一起吃饭，因闺密心情不好，一个电话小陈就去陪她了；好朋友从外地回来，小陈让男友又当司机又当劳力；约了同事逛街，让男友在咖啡厅足足等了三个小时；电话里对他爱答不理，朋友来电马上热情四溢、唾沫飞溅……

有时候，看着他关心的眼神，小陈觉得自己挺可悲的，因为自己的苛刻和不体谅，给男友平添了不少烦恼。每每悔从中来，男友倒反过来安慰小陈：这辈子只能当你的受气包了。

要不说，毛病都是惯出来的，恋爱如此，与人共事也是如此。"窝里横"的人有一个共性，那就是到外面会非常注意保持形象，不轻易发泄自己的情绪。但是，当他们卸下工作重担，回到朋友身边后，会想说就说，有时还会借机"找碴儿"。

如果说，爱情能够包容一切，改变一切，那么为了爱当个"受气包"无可厚非。但是如果交到一个"窝里横"的朋友，那就是十足的悲哀了。与"窝里横"的人交往，从一开始就不可忍气吞声，遇事要有自己的立场、原则，对方的缺点可以包容，小亏可以吃，但是坏毛病不可以惯。一次，两次，惯的次数多了，他们会形成一种惯性思维，不但会看轻你，还会伤害你。最终，你的容忍与大度，只会让其变本加厉。

【鉴招拆招】

人人都有点儿背的时候，遇上"窝里横"的人，首先要区别他们是善意、恶意或无意。如果是善意的自不必理会；如果是无意的伤害，还是要原谅的，既然是朋友、家人，就要多一点交流和耐心；如果是恶意的，没商量，果断反击，绝不惯着！

如果你看到前面的阴影，别怕！那是因为你的背后有阳光。

——佚名

心里在意你的人，嘴上会"伤"你

恨，往往是由爱而生。爱得越深，伤得越痛。在现实生活中，恋人之间产生的矛盾往往源于无足轻重的小事，也可以说经常是无事生非，因为太在乎，所以哪怕一句无关紧要的话，一个不屑的眼神，都会被过度解读，被无限放大。因此，伤害也就接踵而来。

朋友之间也是如此，关系越熟，交情越深，越会在意对方的细微举动，对对方的话越敏感。

在小高的朋友圈子里，大家都喊他"老板"。要说这个称呼的由来，要追溯到他上大学时期。那时，大家手里都不宽裕，为了赚点零花钱，他常去校外打工，一个月下来，能赚三四百元。小高拿到钱后的第一件事，就是请室友们下馆子。经常是一群人扶着墙进去又扶着墙出来，几百元一毛没剩，还要倒贴不少。室友都觉得小高耿直大方，从此就给他起了这个响当当的外号。

小高对朋友确实没话说，哪个说到借钱、帮忙，他从没有说过"不"字。毕业后，大家都成家立业了，哪家乔迁、哪家添丁，都是他带头送上贺礼。十几年的朋友圈里，他从未与谁红过脸。他把原因归结为自己是典型的天秤座性格，善于为他人着想，你敬我一尺，我敬你一丈。不过，他这个天秤是歪的，对父母实在太差。他常常觉得，自己愧对亲人。

小高是独生子，从小父母就比较疼爱他，小时候以为这是理所当然，长大后他明白了父母的不易，但一些习惯却怎么也改不了。

母亲爱唠叨，衣服穿少了、饭没按时吃都能对他念半天。明知道那是关心自己，不过被念烦了他也会顶嘴。一次，为了是否应该开一晚上空调，小高跟母亲大吵了一架，他还对母亲放了狠话："既然你看我烦，那我就不回来了！"然后，他很有性格地离家出走三天，吃住都在兄弟家里，急得母亲疯了一样到处打电话找他。听着朋友在电话里说，"好的，我看到他一定劝他快点回来"，他很心疼。其实，出来第二天他就后悔了，但在母亲面前自己就是不想服输，虽然他也不晓得到底输了什么。

有句话说得好，伤害你最深的总是你较亲近的人。很多人都像小高一样，以为朋友对自己恭维、客套，就是对自己好，把亲人的唠叨、关心看作伤害。对朋友慷慨，对亲人较真，最终只会伤害亲近的人。

【鉴招拆招】

成天围着你转的人只是把你当"老板""财神爷"；跟着你吃喝没商量，嘴上唠叨你的人，却是心里最在意你的人，关心你，体恤你。你可以做大家的"老板"，有一些吃喝朋友，但一定不要伤害真正懂你、爱你的人。

第三章
把爱留给值得的人

即使朋友满天下,也不要急着为自己的好人缘沾沾自喜。在各种人际关系里,总有些人和事会消费你、消耗你,给你带来无止境的困扰,尤其是不懂感恩、不懂付出的朋友,只会把你搜刮得更干净。所以,不要让围着你转的损友消费完你再消耗你。面对贪婪者,一味"惯"着他终究不是办法。把"真"留给懂你的心,把爱留给懂你的人。

> 自私与贪婪相结合，会孵出许多损害别人的毒蛇。
>
> ——艾青

有些伤害来自你的纵容

信用卡的一大好用就是可以透支，不必马上还，而且你的信用等级越高，透支额度就越大。其实，友情也像一张信用卡，在你需要的时候，可以刷这张卡，至于你能消费多少友情，要看你存了多少人情。即使存足了人情，也不宜随意去支取，过度消费就更不可取了。

在现实生活中，因为透支友情，朋友反目的例子比比皆是。友情也是有额度、有底线的，你可以向朋友提出要求，也可以让朋友帮助自己，但一定要讲究度、讲条件。朋友不是靠山，想靠就靠，朋友更不是物资储备，想用就用。每段友情都有自己的承受能力和承受范围，超过了这个限度和弹性范围，容易使友情破裂。如果你总是伸手求援，总是让你的朋友帮忙解决问题，那么两个人之间很有可能会出现问题。因为对于朋友来说，他不可能忍受你无止境地盘剥和请求，他也没有义务总是为你付出一切。

帮助朋友是天经地义的，可你是否能够承受得了对方一而再，再而三的请求呢？面对一个只会伸手向你求助的无能朋友，你往往会感到压抑，会觉得对方是个累赘，毕竟每个人都应该尝试着自己解决问题，都应该懂得自力更生，而朋友的帮助，始终是非常有限的。

对于我们来说，如果你纵容了朋友的这种想法，纵容了朋友肆无忌惮的索取行为，那么就可能会让朋友养成一种依赖的坏习惯，此后无论他遇到什么问题，都会在第一时间前来"劳您大驾"，这会严重影响你的正常生活。

当你拥有这些想法时，不用觉得不好意思，作为对方的朋友，你可以在适当的场合帮助他，但你也要明确地告诉对方你不是一座他可以随时随地去里面取出财富来享用的"金库"。

石油大亨洛克菲勒发家致富之后，决定帮助自己的一个好朋友，因为那人和洛克菲勒是发小，而且一起吃了很多苦，所以他希望自己可以帮助对方，让他改善一下生活。不过朋友并未接受洛克菲勒的帮忙，而是提了一个要求，那就是让自己的儿子跟着洛克菲勒。洛克菲勒向来很重朋友之情，他也曾经帮助过很多朋友的孩子，让他们到自己的公司上班，所以这一次也不例外，他很爽快地答应了这个好朋友的请求。当然，洛克菲勒并不是一个喜欢根据裙带关系来提拔人的管理者，无论是自己的儿子，还是朋友的儿子，他都要求他们依靠自己的能力去发展，不要借助自己的名声获得晋升。

很快，洛克菲勒就将朋友的儿子安排到自己的石油公司上班，一开始这个孩子的工作表现也算不错，毕竟是名牌大学毕业，专业技能还是过硬的。不过有一件事让洛克菲勒感到很头疼。这个人虽然天资聪敏，学识渊博，专业技能和学历都没有任何问题，但是他的动手能力很差，应对问题的能力更是不足。尤其是当他遇到一些比较棘手的工作时，常常会感到束手无策。因此，他经常去洛克菲勒的办公室求助。

一开始，洛克菲勒很耐心地帮助他解决问题，毕竟他是新人，而且又受到朋友重托，自己自然是义不容辞的。当然，为了让对方能够接受更多的锻炼，洛克菲勒还是善意地提醒他应该自己去试着想一想办法，他还将一些自己的经验和方法传授给对方。对方每次都是认真地倾听，可是，到了下一次，一旦他遇到什么难题，还是会向洛克菲勒伸手求援。洛克菲勒最终觉得忍无可忍，他留意了对方的行为，并且一一做了记录，从最初的如何做会议记录，如何解决与上司的矛盾，以及一些专业领域内的难题等，几乎每隔一两天就会有一次求助。

于是洛克菲勒辞掉了朋友的儿子，后来他写信给自己的好朋友，在信中他直言不讳地说："作为朋友，我自认为有义务将你儿子带进公司，但是作为一个商人和管理者，我不能容忍下属一而再，再而三地求助，不能容忍他的无所作为，因为我不可能总是为之付出时间和精力，我更希望看到回报，看到他像一个真正的执行者一样。"

古人有"志士不饮盗泉之水，廉者不受嗟来之食"的志气，我们不一定要求朋友也有这样的品格，可是如果有人一直向你索取，你要懂得拒绝，要懂得说"不"，你要明确向对方表明自己的态度：我可以帮你一次、两次，但是不可能永远都帮你，有些事情你需要自己去解决。如果对方不能理解你，或者仍然期望在你身上得到帮助，那么你需要立即和对方摊牌，要主动远离这些有不良动机的朋友。

事实上，有些人对于朋友的依赖，纯粹就是出于利用的目的，在你身边他好吃好喝，有足够的生活保障，遇到困难了，又可以由你出马代为解决，他们的目的就是尽可能地榨取你的价值，等你没有了任何利用价值，对方便会和你一刀两断。像这类心机很重的人，生活中不得不防。

【鉴招拆招】

你可以义无反顾、一无所求地为朋友奉献自己的一切，可以用自己的奉献精神来实践和证明友情。如果有人故意利用你，你应当及时收回自己的诚意，收敛自己的奉献精神，免得成为友情的牺牲品。

贪心好比一个套结，把人的心越套越紧，结果把理智闭塞了。

——奥诺雷·德·巴尔扎克

只取不予者

在人际交往过程中，不付出真心，却带着强烈的目的去结识他人，只会给自己带来负面评价。人脉资源的积累就是一个挖井的过程，在喝到水之前，要懂得付出，要知道合作。不是说大家能够乐呵到一块儿，是一个"班子"的，就都是"圈内人"了。

不懂此理的人难有作为。一个人很努力，很有头脑，但不管怎么努力，怎么聪明，总归是要与人合作，与人打交道的。这不是一个单打独斗就能成功的时代，不管做什么事，不懂得合作，一次、两次可以，但到第三次可能就没人搭理你了。

看一个人是否有合作精神，值不值得与其合作，主要看两点：一是看他是否了解自己的短板与别人的优势；二是看他有没有奉献精神。

比如，你想了一个赚钱的点子，但是缺资金，那你就想办法去找有资金的人；有资金，而没有项目，那就去找有投资价值的项目；有资金、有项目，没技术，那就去找懂技术的人。再如，你不擅长英文书写，那就请一个专业人士来帮你，这块短板就补齐了；你对管理不在行，那就请一个职业CEO（首席执行官），会省去许多不必要的麻烦。

如果你什么都没有，什么都不懂，既认不清自己，还舍不得付出，又不懂得合作，那么你永远长不大，永远不懂什么叫实力。

有个定律叫"木桶定律"——桶能装多少水，取决于最短的一块板子。每个人都有短板，明星、企业家，没一个例外，但他们为什么能获得在我们看来最牛的、最有实力的人脉，因为他们本身很有实力。你有这种实力，人家才愿意相信你，才愿意与你来交换。当然，在交换的过程中，你也就补齐了自己的短板。

许多董事长、总经理身边都有一个团队，这个团队是用来干吗的？就是用来补齐短板的。因为不同的人在不同的方面见长，这样看问题比较全面、透彻，在老总决策时，错误就会少。

一个人的成长应该是全方位的，就像小孩儿长身体一样，缺什么就要补什么，只有和别人做到优势互补，知道能提供给别人什么，清楚自己需要什么，那才有与人合作的可能。

再说奉献精神。如果这个人不懂奉献，那他就谈不上与人合作。奉献意味着付出，没有金钱可以付出，对自己的体力、感情、时间等付出也十分吝啬的人，一般不是合作的好伙伴。有的人讲起大道理、谈起感情来头头是道，争取利益的时候，他最靠前，该表现的时候却退后了。这种坐而论道，缺少奉献精神的人，不是理想的合作伙伴，如果你身边有这样的人，那么最好与其少谈合作之事。

现实生活中，两个人关系好不好，关键要看能否给对方带来价值，这是交往、合作的基础。有了这个基础，合作起来才会成为一件你好、我好、大家好的事。否则，和一个只取不予的人谈合作，他非但不会贡献什么，还会阻碍你前进的步伐。

【鉴招拆招】

贪心，每个人多少有一点。如果合作伙伴只是贪贪小便宜，那没有关系；如果在贪婪中还夹杂着自私与算计，那就要随时做好"断交"的准备。必要时，在工作、生活上也要与其划清界限，吃亏不说，一旦其因贪婪犯下大错，自己也要跟着受牵连。

对于你的请求，别人帮是人情，不帮是本分。真正成熟的人，不为难任何人。

——佚名

麻烦别人时的分寸感

中国人常讲"独善其身"，用在社会交往方面，大概可以这么理解，就是不管有钱没钱，有没有能量，都要把人做好了，不能因为穷、没本事，就连累亲戚朋友，给别人添不必要的麻烦。也不能因为发达了，就瞧不上这个，看不起那个，把别人贬得一文不值。其实，你过得好与坏，与别人没半毛钱关系，为什么一定要把自己的某种意愿强加给他人呢？

好关系是麻烦出来的。有时候别人求你帮忙，是信任你，是出于友谊。如果一个人有事时总是麻烦你，平时却连个人影都不见，你就要当心了。

一天，小张和处了十来年的铁哥们儿彻底闹翻了，一时间上了朋友圈的头条，所有人都觉得不解。两人从学生时代就处得很铁，经常不分彼此，怎么友谊的小船说翻就翻呢？原来两人合伙做生意赔了钱，事后一分析，做生意的路子不同，于是各干各的。但是，朋友的生意越做越大，小张的买卖总是不景气，时常张口向朋友借钱。一来二去，小张就欠了朋友二十多万元。两三年了，朋友不好意思张口，他也没有要还的意思。一次，他又向朋友张嘴借钱，结果这回吃了闭门羹，他一时难以接受，觉得对方不够朋友，十多年的关系白处了。于是，两人产生了一些隔阂。后来，他赌气还上了朋友的钱，发誓不再与其来往。

或许小张认为朋友禁不起考验。其实不然，当你伸手的次数多了，并

· 53 ·

且把"伸手即有所得"视为理所当然，再铁的朋友也禁不起这种考验！俗话说"事多故人离"。朋友是不可用"友情"来绑架的，也不是你随时可以透支的信用卡。与人相处，如果把"透支"对方视为他"对得起你""够朋友"，那你又算什么呢？

没钱的时候，要少给别人添麻烦。如果这个世界上每一个人都能够做到独善其身，那么我们这个世界会变得多么和谐！虽然"不麻烦别人"，没有"伟大""高尚"这些词那样高大上，但体现的是一种做人的修养。

朋友不是保姆，更不是用来"麻烦""提要求"的，你能站着却坐着，能坐着却躺着，总是以"麻烦"别人为己任，还振振有词，细数朋友对不住你的条条"罪状"，那你身边的朋友只会越来越少，你交友的能力也会越来越退化。

想做一个受人尊敬的人，要先做一个独立的人，一个懂得换位思考的人。人与人就是这样，你对别人好一点，多理解别人一点，多帮助别人一点，别人也会多给予你一点。

刚工作的时候，认识了一个同事，他上班的时候喜欢睡觉，当天的工作要晚上拿回家做，所以白天状态很差。有时，他的工作出了一些问题，领导提了意见，他总是要我帮他修改，他继续他的"白日梦"。一次、两次，也是无所谓的事。但后来成了一个习惯，他连招呼都不打，就直接把他的"作业"摆到我面前，那意思是"你按领导的意思改就可以喽"。那时，我真是有点怕他了。我这么照顾你，虽是举手之劳，但你请我吃颗糖也可以呀，不是我非要你给予我什么，至少你得有句感谢的话吧。后来，他出去创业了，项目换了很多次，却无一次成功。有一次，他想起了我，给我打电话，说："你真是个好人，自打离开那个公司，再难碰到你这样的人，现在的人真是太精明了。"这话我听得怪怪的,他不会是在说我傻吧。

许多时候,我们做一些事情总是不顺利,其实说一千道一万,还是跟性格有关。如果你的性格就是"能不麻烦别人,就不麻烦别人",而他呢,却是"能麻烦别人,就绝不麻烦自己""能多赚点,就多赚点",只顾自己好活,不顾别人死活。那这样的人还是少接触为妙。竭泽而渔,鱼会被抓光的。只是很多人太短视,从来不想这个。

【鉴招拆招】

情商越高的人,越懂得麻烦别人。但是要有度、有界限。否则,"麻烦"得多了,麻烦可就真的来了。朋友之间,有些东西一旦失去,就一辈子也找不回来了。所以,对你没有一点点敬畏,没一点点尊重,只有"麻烦"的朋友,还是让他离你远一点。

人的信任就和信用卡是一样的，不断消费定期还款，银行给你的额度就会不断增加，这个是信任积累。

——佚名

承受不起时，要及时说"不"

人因为关系走得近会产生信任，产生交情，但也会因为走得近，让彼此没有了畅快呼吸的空间。许多时候，给我们带来无法言说的伤害的人，往往是与自己走得近的人。不管是面子、利益，还是感情，因为距离靠得太近，它们随时都有可能被划伤。

有个老相识，代理了一家化妆品公司的产品，几个月都没什么成交量。为了完成任务，他在朋友圈中搞起了"摊派"：张三要完成五百元的任务；李四完成六百元的任务；赵七条件好点，要买一千元的货。碍于交情与面子，有的朋友买了，有的朋友以各种理由拒绝。事后，买了他的产品的，他说都是"亲"，都是"哥们儿"；没有买的，都"不够意思"，都是"假朋友"。他以为自己找到了生财的门路，没想到，这是在断自己的后路。半年后，所有人都"不够意思"，就他自己"够意思"。是他绑架友情，执意透支友情在前，为什么一定要把错误归咎于别人呢？

每个人身边或许都有这样的人，他们一边在透支友情，一边说朋友对他"不够意思"。这种做法，只会赤裸裸地伤害别人。

一位朋友赚了笔大钱，整天琢磨着换一辆很拉风的车，手上的车标价十二万元转让。有一天，他的一个哥们儿说："看在咱们这么多年交情的面子上，把你的车十万块转给我吧。"十万？！十万就十万，这么多年的哥们儿，再还价没意思。不料朋友开玩笑似的说："首付五万，其余一年付清。""没问题！""过户费你要负担，车险你要送我……"

什么叫人心没尽？这就叫人心没尽，这是将友情往死胡同里逼。

生意和谁都是做，和朋友做，往往是念在交情。再者，我多牺牲一点，付出一点，也不是不可接受，问题是，你要考虑朋友的代价啊。

人际交往有一个重要准则：保持平衡。即使真朋友、真性情，好到不分你我，也要恪守这个准则。否则，不论在友情还是在财富方面，如果太过透支朋友，迟早会逼走朋友。

当然，一味索取固然不妥，但付出时也要适可而止。有人把面子看得很重，碍于面子，经常让付出成为一种负担。朋友结婚，别人随两千元礼金，你硬着头皮也要跟两千元；别人随五千元，即使超出你的承受范围，你也要捍卫所谓的"颜面"。

要知道，人们不会因为你的"透支"而给予你额外的赞美，反倒会觉得你这个人很虚伪。在财力、精力或能力有限的情况下，要学会选择性地付出，不是说每个朋友、每件事我都要"照顾"到，也不是每个要求都要满足。今天我与你应酬，明天我和他应酬；今天参加这个活动，明天出席那个庆典，所有人都要照顾到。办不到也非要打肿脸充胖子，何苦呢？

我不与你应酬，我会告诉你，因为我有更重要的事要办，我负担家庭的责任，负担公司的责任，希望你理解。不能说你是朋友，我就要去牺牲整个家庭，牺牲我的事业。如果你理解，日后咱们还有应酬机会；如果不理解，那请便。

所以，当你承受不起时，要学会对透支你的人与行为说"不"，不要把自己累个半死。尤其在上下左右不能兼顾的时候，离你近却让你最不舒服的人，你要学会选择，学会放弃。

【鉴招拆招】

人与人交往，不要太过偏离"等价交换"原则。为朋友过度付出，对自己是一种消耗，也是一种负担。如果这种消耗与负担得不到朋友的理解，那你八成交的是伪朋友。

飞鸟尽，良弓藏；狡兔死，走狗烹。

——司马迁

白眼狼

常听人说一个贬义味十足的词——"白眼狼"，何为白眼狼？即形容狼很凶狠，常吊白眼，用来形容一个人忘恩负义，无情无义，做人比较冷血。此类人虽不至于对我们造成多少伤害，但多半是我们不需要的异类。

有一天下午，老王正在电视台的办公室收拾东西准备下班，突然进来一对六十来岁的夫妇，那个男的进门就问："你是不是王老师？"老王点了点头。

突然他一下子就跪在老王面前："王老师，我是慕名来求您的，您可要救救我呀！"

老王赶快把他扶起来，问是怎么回事。他说，他们的儿子出车祸死了一年多了，保险公司就是不赔偿。老王十分同情他，想了解一下事情经过，那个男的说："王老师，现在是下班时间了，这样吧，我家开了一个烧烤店，恳求您赏个面子，我们边吃饭边聊。"

那天，对方非常热情，请老王吃了一顿饭。第二天，老王带着他们夫妇来到保险公司，保险公司经理马上把他们迎到办公室里。老人又一下子跪在经理面前。保险公司为了给老王面子，当场解决了拖欠一年的赔偿问题。

过了一段时间，有个朋友请老王吃饭，他突然想到这对夫妇的饭店，为了照顾他们的生意，于是就带着兄弟几个去了这家饭店。但没有想到的是，对方非常冷漠，好像从来不认识他。

· 59 ·

老王担心：是不是老人家误会自己是来白吃的，于是悄悄地出去告诉他："是他们请我吃饭，我是点名来这里照顾你们生意的，不会少出一分钱。"结果，老人面无表情地说了两个字："谢谢！"那种冷漠的眼神让老王刻骨铭心。

　　事情过去半年多后，有一天，这个老人又敲响了老王办公室的门。老王一开门，只见对方提着两瓶好酒，一下子又跪在了他面前："王老师，您还要救我。听别人说，我儿子上班的那个公司也该赔偿我们几十万元钱。上次保险公司拖欠了一年多，您只去了一下他们的办公室，事情就当场解决了。这次只要您出面，我儿子上班的那家公司绝对会赔偿几十万元的，求求您了！"

　　老王狠了狠心，说："对不起，我还有急事要办。"说着把他拉起来，把酒递到他手里，推他出去，关了门。

　　在这个故事中，老王之所以生老人的气，是因为这个老人用人朝前，不用人朝后。

　　其实，现实生活中，持这种观点的人不在少数。他们吃你的、喝你的，甚至用着你的时候，会特别地在乎你、关心你，今天一个问候，明天一个"保重"，有时还会让你感动。但是，一旦你钱也白花了，饭也让他白吃了，事也帮他办了，他会立马和你变得生疏起来，甚至根本不领情。

　　"白眼狼"的爱好是持之以恒的：用得着你的时候，下跪哀求，百般关心，千般温柔……一旦你把事情给他办妥了，则不会念你的人情，反而视你为路人。

【鉴招拆招】

　　一个"白眼狼"似的轻诺寡信的人，可以因为某种嫉妒心理或对某件事感到畏惧而出卖自己忠实的朋友。所以，每时每刻提醒自己别做"白眼狼"。同时，也要看清身边有可能成为"白眼狼"的人。

寡廉鲜耻的人是不会有良心的。

——朗·L.富勒

事事有功，须防一事不终

"今朝有酒今朝醉，明日愁来明日忧。"这句话曾经是享乐主义者的座右铭，很多喜欢享乐的人常常只顾眼前的快乐，而不顾将来的忧愁和苦恼，得过且过。如果你身边出现这样的人，他们对你吹吹捧捧，整天把你哄得高高兴兴的。此时，你就要小心了，这不是对你好，很可能是害你。

林则徐一生清廉节俭，他在为官的时候始终心系百姓，根本就没有想过为自己谋取私利，平时的吃穿也很普通，甚至还不如一般的老百姓。对此，他并不在意，反倒以勤俭节约为傲，因此他也成了清代少有的好官。不过这位节俭的好官在年轻的时候却差点儿误入歧途。

那个时候，他结交了一些官宦子弟的朋友，那些人都是蜜罐里长大的，平时就知道享乐，成群结伴地找乐子。一开始林则徐也和他们一起外出，但是一段时间之后，他渐渐发现自己开始大把大把花银子，而那时候他家道中落，家中的经济状况一日不如一日，自己的挥霍毫无疑问增加了家里的负担，所以他很快意识到自己的生活方式出了问题，并且果断决定远离那些享乐主义的朋友。

很多年轻人往往会贪图享受，会对有钱人产生崇拜心理，他们要么成天想着成为有钱人，不愿意工作，只想着一劳永逸；要么跟在这个屁股后面吹吹拍拍；要么跟着那个混吃混喝。和这样的人交朋友，你只会变得更加颓废，更加不思进取。

除此之外，贪图享受的人坐吃老本，等自己的钱挥霍一空之后，不得已会向身边的人伸手。他伸手你帮不帮？帮，你最多帮一两次，多了你帮不起；不帮，你会因此背上"恶名"，之前吃人家的、喝人家的，于情于理说不过去。所以，与这样的人交往，迟早会让你面对窘境，弄不好还会搞得里外不是人。

雨果是法国著名的小说家，他为人非常豪爽，也善于结交各种各样的朋友，就因为这一点，他的长辈不止一次地批评过他，尤其是当军官的父亲，更是经常斥责他的行为。不过看重朋友情谊的雨果根本不在乎。当他成名之后，身边的朋友越来越多，有很多都是富家子弟，他们想要和这位小说家结交，目的是提高自己的名气。当然，这些纨绔子弟都有一个毛病，就是好吃懒做，基本上不上班也不工作，每天吃喝玩乐。

雨果虽然和他们不一样，但是也受到一些影响，比如说借钱，那些纨绔子弟虽然家庭条件很好，可是也禁不起常年的享乐和奢侈的浪费，因此常常会感到囊中羞涩。而雨果经济条件还算不错，所以每一次他都会慷慨解囊，满足那些朋友的要求。渐渐地，雨果发现，有时候自己的钱也不够花了，可是他又不好意思拒绝朋友，所以每次只能象征性地给一点，也正因为这样，朋友觉得雨果变得小气了。

几次之后，很多朋友开始在外宣传雨果为人太小气，认为他根本不顾及兄弟情义。他很快成了朋友圈中的"公敌"，大家都开始冷落他，不愿意和他这样的人交往。雨果知道后伤心不已，同时又后悔当时为什么要认识这样的朋友，思来想去之后，他最终决定离开这些朋友。

所以说，要尽量远离以吃喝、享受为乐的朋友。许多时候，吃喝是小事，长久来看，他们接近你，是为了利用你，在你身上捞到更多好处，甚至甘做一条寄生虫，等到对他来说你没有利用价值了，便会拍拍屁股离开，根本不懂什么叫感恩。

【鉴招拆招】

朋友除了要讲情、义，在金钱上也要有来有往。有来无往，只进不出，且永远也喂不饱的朋友，要趁早远离。这种人的一大特点是：如果你每天给他一元钱，只要有一天不给，他便会记恨你！

> 没有人会无条件陪你,就连影子也会在阴天缺席。
>
> ——佚名

情分与本分

人际交往,必要的客气是基本的礼节,陌生人之间要客气,熟人之间也要客气,你不懂客气,就是不懂事,不懂人情世故。尤其是与朋友相处,如果总是拿自己不当外人,遇事不讲究,把对方的客气当福气,就会非常考验别人的忍耐度。

真正的朋友,如果相互之间客套多了,是一种不真诚的表现。但是,没有一点客套,太实诚了,把客气当福气,会让人觉得你这个人"没意思"。

小李在小区开了一家水暖器材商店,时间一长,不少人只借不买,他本着和气生财的经商之道,谁来张口都借。有一次,一个人把工具用坏后送回来了,还说"你这工具早就坏了,我明天给你修修",听那口气,好似是他在做好事。有时碰到借了工具没还的人,小李向对方讨要,对方立马回一句"别那么小气,隔天还你",好像工具是对方的,讨回反而不对了。小李因此生了不少气,后来,他再也不做傻事了,谁来也不借。

借工具给别人用,也是为人民服务,借给你是一种情分,你还工具是本分,有的人就是喜欢颠倒是非,把别人的客气当成自己应该享有的福气。

不过,小李偶尔也会把别人的客气当福气。其中有个人经常找他借工具,借了却不还。一次,小李上门去要,对方正在和几个朋友喝酒,锅里还煮着饺子,见小李来了,便和他客气道:"来来,一起喝。"小李毫不含糊,一屁股坐下,贪了几杯,完了还吃了人家两碗饺子。等对方把工具拿给小李时，他发现工具早被用坏了，但他不好意思说出"赔"这个字，对方也就装作什么也没有发生。

就说这顿饭，吃多吃少不说，至少他的加入会破坏人家小聚的氛围。人家客套，那是为了面子上好看，如果认真了，就是不给自己面子。

平时，人都难免会因一些疏忽，读不懂对方的心理，偶尔把别人的客气当福气，吃了不该吃的，拿了不该拿的。事后，只要稍做弥补，让人知道是你产生了误解，倒也无伤大雅，怕就怕一贯听不懂别人的客气话。遇到这样的朋友，你可以一次客气，两次客气，绝不可次次惯着他。因为你客气久了，他会把你的客气当福气，而且认为你没脾气。

习惯把别人的客气当福气的人，太拿豆包当干粮：只要你一客气，我就要顺着你的"意思"来，让你反悔不得，让你"仗义"到底。其实，这种"好意思"会极大地消耗双方的友情，挫伤对方的信任，到最后，很可能会落得个大家都对你"不客气"的下场，如此那般，你的生存境地将会是何等艰难！

所以，交朋友要多交有自知之明的人。朋友或同事一场，相互尊重感恩是必要的，但弄清楚边界在哪里更为关键。如果你只有一口饭，只勉强够自己活命，那么你多半不会分半口给朋友。如果你有一锅饭，自己吃饱了还有多余，那么你可能会分给朋友吃。分给朋友是情分，不给也可以；帮是我的情分，不帮是我的权利。

【鉴招拆招】

"一饭成恩，三饭成仇。"你可以助人为乐，但绝不可被要求助人为乐。帮朋友不一定论感情，我帮你是情分，不帮你是本分。如果你把我"对你好"变成"欠你的"，那么这样的朋友不交也罢。

第四章
坐正、坐直，百毒不侵

要问世界上什么事会让人心凉，朋友的背叛是其中之一。被昔日的好友背叛，就如同被你养的狗咬了一口，让你生气。苦恼为什么养了它这么久，它却不顾你的感受，反过来咬你，然后还能像什么也没有发生过一样，该怎么样还怎么样。这都是因为你太认真，傻得天真，要知道，今天能围着你转的人，明天也能围着别人转。商业是残酷的，生存是残酷的。职场上、生意场上，有太多的身不由己。这时候，做真正的自己、善于发现的自己，是保护自己的较好方式。

不要因为狼没有吃你的肉而心生怜悯,当你将它当成宠物来看待的时候,它会冷不防地在你身上咬一口。

——西方谚语

背叛,是人生不易疗愈的伤痛

在历史上发生过太多这样的故事:两方对阵,一方将领吃了败仗,或是不战而降,投靠了对方以求保命,结果却丢了脑袋。为什么?因为这种人靠不住,出征前还信誓旦旦地说要效忠这个,效忠那个,危急关头,变了风向,认了新的主子,这种人谁也觉得靠不住,干脆杀了,以除后患。

商业场合也是如此,没有永远的朋友,只有永远的利益。如果你对他没有足够的吸引力,今天他能和你称兄道弟,明天就能和别人称兄道弟,谁有能耐,谁给他饭吃,他就和谁交好,和谁套近乎,这看起来也合乎常理。就是有一种人,必要时不但会毫不犹豫踢开你,眼都不眨一下,还会在你冷不防的时候伤害你。所以,要细心观察你周围的人,了解他们的圈子,了解他们的交友史,如果这个人曾经有过不少挚友、铁哥们儿、好兄弟,好的时候如胶似漆,亲如一家,但后来大多老死不相往来,那与这种人相处是要讲点技巧的。

尼采曾说过:"我难过的不是你骗了我,而是我再也不相信你了。"我们怕的不是他们的背叛,而是他们的伤害。《东郭先生与狼》的故事家喻户晓。有一天,东郭先生牵着毛驴去中山国求取功名,结果路遇一匹受伤的狼,狼哀求说自己正被猎人追杀,已经受了伤,希望东郭先生能够救自己一命。东郭先生心生怜悯,于是将狼放在自己背书的口袋中,结果猎人在追逐狼的时候扑了个空。可是当狼从口袋中出来的时候,却忘恩负义地要吃掉东郭先生。东郭先生后悔不已,好在有农民恰巧路过,用计打死了狼。农民嘲笑东郭先生的迂腐,因为像狼这样虚伪的动物,为了利益,它会出卖任何人,自然不会和你讲什么情义。

与狡猾的人做朋友,你不能心存侥幸,你越是仁慈,越是信任,就越容易受到他们的蛊惑和伤害。这些人往往不信守承诺,不会遵守正常的交际礼仪,而且常常会背叛他人,有一天他们也会为了利益而出卖你这个好朋友。正因为如此,在和这样的朋友打交道时,你需要保持谨慎。

三国时期的名士管宁和华歆,原先是非常要好的朋友,但是后来管宁因为看不惯华歆的为人而与之割席而坐,坚决地与之断交。据说当时两个人在园中锄草,结果看到菜地上有小片的黄金。管宁只管挥锄不停,因为在他看来,黄金和石头瓦片并没有什么区别。可是华歆却拾起了金片,尽管随后又不好意思地扔了,但是这个细节被管宁看在了眼里。

之后,有一次他们同坐一张席上读书,当时屋外闹哄哄的,原来是有个官员坐着四周有障蔽的高车从门前经过,如此大的排场惹得路人争相驻足观看。不过管宁依然埋头读书,完全不理会外面的情况。而华歆却非常羡慕地放下了书,兴冲冲地跑出去观看。待华歆回到书房之后,管宁非常果断地割断席子,两个人分开来坐,然后他毫不客气地对华歆说:"你不是我的朋友。"

管宁说这句话的时候,早就看透了华歆的为人,他知道这个朋友是一个热衷于功名利禄的人,而这样的人为了个人的名利前途,很有可能做出卖友求荣的事情,毕竟对这样的人来说,即便是朋友,在利益面前也是微不足道的。

而管宁的猜测果然没有错,华歆很快步入仕途,并且在汉灵帝时期,举孝廉而成为郎中,因病辞官后再次被征召为尚书郎。像这样一个汉臣,原本应该忠于汉室,为国出力,可是当汉王朝即将崩塌的时候,他却跟随曹操，为曹操积极出谋划策，换来自己的步步高升。要知道，当时的曹操被称为"窃国的汉贼"，华歆身为大汉的朝臣，却心甘情愿为其卖命，即背叛了大汉。不仅如此，华歆还帮助曹操进宫刺杀伏皇后，可以说是一等一的乱臣贼子。

华歆虽然是当时的名士，但是正如管宁所预料的那样，是一个出卖国家和朋友的人。管宁有先见之明，趁早割断了这段情谊，也避免了被朋友出卖和伤害的命运。事实上，管宁也曾多次受到朝廷的聘用，其中也有华歆的举荐之功，但是每一次管宁都委婉地拒绝，因为他知道那些喜欢出卖别人的人，即便今天和你称兄道弟，对你非常敬重，也会有朝一日出卖你，所以他尽量远离华歆，终其一生都在讲学。

出卖别人的人往往都是重利轻义的人，这种人比较贪婪，无论做什么事，功利心都比较强，而且对他们而言，别人的利益根本不重要。当你还存在利用价值的时候，他们自然会选择亲近你，会选择和你站在同一立场上，会选择和你成为最要好的朋友，可是一旦你没有了利用价值，当他又结识了更重要的人物，或是找到了更大的靠山时，便会随时远离你甚至出卖你。

【鉴招拆招】

时间总是会过去的，它会还你一个清白。只是，它带不走岁月中所受过的伤。对那些喜欢出卖和背叛朋友的人来说，任何一种友情都只是利用的工具而已，只要看到有利可图，他们会毫不犹豫地靠近你，只要利用价值不高，他们又会果断背叛你。背叛，没有宝剑的尖锐，却能一剑穿心。

所有的邪恶中，谣言散播最快。随着速度的加快更加激烈，随着散播面的扩展更有精力。

——维吉尔

道听而途说，德之弃也

人人都讨厌造谣的人，尤其是那些通过造谣来刻意伤害他人的人，更是让人深恶痛绝。无聊之时，他们总想闹一些动静，收集一些茶余饭后的谈资，所以很多时候只要受害者不是自己，他们就会乐于参与其中。

中国有一句古话："各人自扫门前雪，休管他人瓦上霜。"很多时候，大家都是自己顾自己的，只要事情没有出在自己身上，就会表现出冷漠和无所谓的态度，可正是因为大家对造谣者的放纵，最后引火烧身，自己也成了谣言的受害者，而这个时候往往会后悔莫及。

如果你身边的某个人是一个造谣者，你认为他只会伤害别人，只会说对别人不利的话，那你就看得太简单了。事实是，热衷于造谣的人往往先从自己熟悉的人下手，因为身边的人往往造谣更便利，因为朋友之间原本就比较亲近，掌握的资料比较多，这样一说起来就有板有眼，更容易让别人相信。

给朋友造谣，这样的事情屡见不鲜，一开始很多人也许是出于好奇或者是开玩笑的心理，觉得整一下朋友也不错，其实这种无节制的玩笑最后很可能会造成不可挽回的伤害。另外，造谣者通常都有一些嫉妒心理，他们见不得朋友比自己好，见不得朋友遇到顺心如意的事情，所以常常千方百计做一些小动作，目的只是将朋友的名声搞臭一些。比如，你的工作能力比其他人高一些，那么为了防止你在升职加薪时更具优势，有些朋友很可能会暗中散播谣言，让你身败名裂，这样的做法往往会毁掉你的生活和工作。

郝江和陈小非是非常要好的朋友，两个人一同进入一家跨国公司上班。一开始两个人的工作都很不顺利，常常会遇到一些难题和不适应的状况，两人相互扶持、相互鼓励，共同渡过了各种各样的难关。一年之后，两个人都慢慢适应了各自的工作，而且工作成绩也非常出色，尤其是郝江，他不仅非常勤奋努力，而且执行力一流，因此非常受上司的器重，上司甚至有意提拔他进入总部去工作，这样就意味着他有更多发展和升职的机会。

陈小非能力也不差，不过和郝江相比还有一些差距，一开始他并未意识到这一点，可是随着好朋友不断受到重视，再加上公司里风言风语，认为郝江很快成为部门的主管，将会被调派到总部去当董事长的助手。这些消息虽然未经证实，但是引起了陈小非的嫉妒。当然，碍于朋友的面子，他只能当面调侃和祝贺郝江的"荣升"。后来，陈小非在公司造谣说郝江的私生活非常糜烂，和很多异性都有不清不楚的关系。此外，还说郝江过去经常跳槽，而且盗取过所在公司的机密。消息很快在公司传播开来，最终郝江被上级领导约谈，尽管误会很快被消除了，郝江却因此被上级怀疑，不再予以重用。

郝江非常失落，为此，他决心找出那个传播谣言的人，经过几天的明察暗访，所有的证据都指向了自己的好朋友陈小非，这让他感到非常惊讶。他不清楚对方为什么要陷害自己，伤心之余偷偷辞去了工作，并且更换了手机号码，再也不和陈小非联系了。

关于造谣的心理，美国心理学家奥尔波特在其著作《 造谣心理学 》中作了系统论述。他将谣言归结于人们情绪状态的"投射"。心理学上的"投射"是指个人意念或者欲望的外化：当一个人的情绪状态反映在他对周围事物的解释中而不自知时，这种现象即称为"投射"。在这样的情况下，人们对周围事物的解释并没有保持完全客观公正的态度。

谣言的危害很大，往往能够影响到一个人的生活、感情以及工作，使受害者陷入困境之中。而且谣言往往会对他人的评判和认识造成误导，从而加深他们对受害者的误解。如果你有这样的朋友，无论他的攻击目标是谁，你都要及时制止，因为造谣生事造成的伤害要比直接恶语相向来得更为猛烈，造成的伤害往往也更大一些。这种做法往往很不道德，会造成严重的社会危害，而且这种危害也可能会蔓延到你身上。

对造谣者来说，正儿八经的话他一句也听不到，歪门邪道的话一句也不落下。所以，不能对身边的造谣者掉以轻心，不能因为是朋友，就对其心存侥幸，觉得他不会在你身上做文章。其实不然，过度相信、纵容他们，甚至掺和其中，难保自己将来不会成为下一个被造谣的对象。

【鉴招拆招】

喜欢造谣的人通常爱搬弄是非、挑拨离间。在平时的生活与工作中，要仔细辨别身边的此类人，尽量与其保持一定的距离，不要随意与人分享自己或他人的秘密，必要时，要敢于做出有力的回击。

> 保持友谊的最好办法是不出卖朋友。
>
> ——米兹涅尔

不给别人伤害你的机会，是对自己最好的保护

一位年轻人进入一家互联网公司做职员。刚来时，他对什么事情都不太了解，大家都很忙，也没有什么人帮助他。就在他不知如何是好的时候，有位行政职员非常热心地照顾他，两人成了好朋友。日子一久，年轻人发现这位职员的牢骚愈来愈多，一开始，他只是倾听对方的牢骚。后来，工作一忙碌，压力过大，他难免有时有一些情绪问题，于是也开始对这位职员发起公司和主管的牢骚来。他想，反正对方也抱怨公司，所以就很放心地对其不时吐吐苦水。

有一天，人事主管将年轻人找了去，问起他对公司的抱怨。年轻人吓了一跳，不得不承认。后来，他离开了这家公司，临走前，一位资深员工偷偷地指着那个职员对他说："你不知道他和你所学的专业相同吗？"

从某种意义上说，这个年轻人是幸运的。他虽然被排挤出了这家公司，但他了解到了事实的真相，从中得到很大的启发，日后在处理人际关系上会小心谨慎，这对他一生都有着很大的意义。还有许多人，被人伤害了还蒙在鼓里呢。

面对这种情况，应当如何处理呢？

譬如说，在某次你不在场的会议上，有人将做错事的责任推到你身上，后来你从老板、上司或其他同事口中得知此事，你该怎么办？

对坏人不能忍！"退一步海阔天空"的人常常是被欺负的。如果你不甘心做一个被欺负者，那你就该尽力抗争。把事情的真相告诉老板、上司，摆明态度和澄清声誉，这样，别人才看得出你的应变能力、处事态度和真正才干。对待恶言中伤你的人，则应该与他当面质询。只有让他知道你对他存有戒心，对他存在威慑，对他存在报复的可能，才能让他在以后的日子里不敢对你造次。否则，A中伤了你，你不敢声张，B看见你软弱也凑上来欺负你，C看见有机可乘也来凑个热闹，你就永无宁日了。

别人不会无故害你，如果他要害你，多半与你有着利益上的冲突。通过排挤你可以破坏你的形象，巩固他自身的地位，或者把责任推到你头上，借此获得短期或长期的利益。

朋友出卖你，也许可以得到一时的好处，但从长远来说，一个曾经出卖过朋友的人，是没有诚信和道义可言的。昨天，他可以为了某种利益出卖朋友，今天，谁又能保证他不会为了另一个原因出卖其他的人呢？

一个人，一辈子能有一两个知心的朋友已经不易，不要苛求太多。对朋友，我们大可以付出热情和关怀，在朋友遇到困难的时候，我们要给予帮助和支持，切不可为了证明你是多么的重视友情，而将自己的心剖出来给别人看。保护自己，就是保护友情，这是友情长盛不衰的基础，这个基础一旦失去，紧接着失去的就不仅仅是朋友间的感情了。

【鉴招拆招】

如果被朋友出卖，不要因此扭曲你的人生观，非要让对方尝尝被人出卖的滋味，如此，你不也成了被人憎恨与唾弃的人吗？如果无法阻止被朋友出卖，那么你所能做的，就是不让别人有出卖你的机会。

> 同一职业的人成为真正的朋友要比不同职业者之间困难得多。
>
> ——三木清

选边站

　　同事，就是共同做事的人。共同做事是大家在一起的初衷，也是根本。同事之间，合作是第一位的，感情要放在其次。有的人与同事交往喜欢亲密无间，就像三国时的刘、关、张一样，天天吃饭在一个桌子上，睡觉也挤在一张床上，以为只有这样才能体现友谊的深度。其实，这是本末倒置，出现问题或摩擦是迟早的事。

　　你到了一家新公司，有人急着和你套近乎，或是公司新来的同事，没事就喜欢围着你转。这时，你需要多个心眼儿，要与之保持相应的距离，理由很简单：首先，不要让老板觉得你在拉帮结派，在搞小团队；其次，容易被别有用心者利用；最后，同事之间存在着利益联系，不是纯粹的朋友。所以，如果把私人感情加到对方身上去，那么结果往往是伤害到自己。

　　有这样一个小故事，是说两只小刺猬，因为天气实在太冷了，所以一起躲在一个洞里。它们尽量蜷缩着身子，即使这样仍然冻得瑟瑟发抖。就在它们感觉快要被冻僵的时候，其中的一只刺猬突然灵机一动，向另外一只建议道："我们靠近一点，或许身上的热量会散发得慢一点。"另外一只也觉得有道理，于是，它们开始了尝试。没想到的是，由于它们靠得太近，身上的刺刺到了对方。虽然第一次尝试失败了,但是由于它们在被刺痛的同时确实感到了对方的温暖,所以它们没有气馁,又重新开始了第二次尝试。这一次,为了不伤害对方,它们开始小心翼翼地一点一点地靠近,最后,它们成功了。它们终于找到了一个合适的距离。

这个故事说明,只有有节制、有理智的交往,才是正确的交友态度,同事之间不能毫无顾忌。有人把人际交往的距离准则比作"刺猬理论",特别是在同事之间,因为理念、文化、性格等各个方面的差异,必然会造成亲疏之分。

事实上,同事之间考虑更多的应该是利害关系,而不是水泊梁山式的兄弟义气。如果你对同事不能有任何帮助,那么又怎么能指望同事对你伸出援手?古人说"得道多助,失道寡助",放到同事之间,这个"道"就是你的能力。你要体现出自身价值,对同事有所裨益,才能在需要时得到同事的回馈。那样与其说是同事在帮你,不如说是你在帮自己。

与此同时,同事之间也存在激烈的竞争。一方面是亲密无间的战友,另一方面是旗鼓相当的对手,这就是同事。如何处理合作与竞争的关系,这在职业生涯中相当重要。同事之间的竞争,好比同气连枝的两棵树争夺水分和阳光,是和平的竞争。而对手之间的竞争,则好比老虎之间争夺一片森林,是生死攸关的性命搏杀。所以,遇到主动套近乎、急于和你拉关系的同事,要学会理智对待,不要匆匆就范。职场常见的"结盟"有三种模式。

其一,利益模式。"没有永恒的敌人,也没有永恒的朋友,只有永恒的利益。"这句名言所揭示的原理就是,在生意场合,用利益把人与人之间的关系聚合,才会牢固而永恒。这个利益,本质就是趋利避害,拥有共同利益的人可以聚拢在一起,同在危险威胁状态下的人也会结合在一起。我们首先要做的是找到谁与我们拥有共同的利益诉求和避害愿望,这样的人才是我们首先要交往的伙伴。

其二，心理模式。俗话说得好，物以类聚，人以群分，其实讲的就是拥有相似精神需求的人，更加容易走在一起。这也分为两个方面：一个是拥有共同的价值观，另一个就是拥有一样的思想认识。拥有共同的爱好、共同的看法，寻找这类人，是从精神层面去寻找和发现自己的伙伴。

其三，满足需求。彼此之间没有共同的物质利益和精神需求，但是也能一起合作。通过许诺，满足对方的需求，把他们团结在身边。

通过这三种寻找、拉拢同盟的方式，一些人就能够很快地形成自己的势力。

当然，要想工作干得好，和同事的关系就得先处好。和同事处关系，不是要少数人抱团、划圈子，而是一视同仁，平衡处理与所有同事之间的关系。所以，对于少数和你走得太近的同事，尤其是你在不怎么了解他们的情况下，要学会保持必要的心理与空间距离，以免给自己的工作带来被动。

【鉴招拆招】

每个人都不希望自己被孤立，成为少数派，让自己成为弱势群体。生意场合，不要为了摆脱势单力薄，而与人轻易"结盟"。如果不看风向，站错队，即使成为多数派，也会被人孤立。

> 卑劣的人比不上别人的品德，便会对那人竭力诽谤。嫉妒的小人背后诽谤别人的优点，来到那人面前，又会哑口无言。
>
> ——谢赫·穆斯利赫丁·阿卜杜拉·萨迪

君子与小人

子曰："君子周而不比，小人比而不周。"又曰："君子坦荡荡，小人长戚戚。"唐代魏征创作了一篇散文《论君子小人疏》，告诫皇帝："臣闻为人君者，在乎善善而恶恶，近君子而远小人。"诸葛亮在《出师表》中也说："亲贤臣，远小人，此先汉所以兴隆也。"君子文化是中国传统文化的重要组成部分。

现在社会，口碑是一个人的社交名片，一个人口碑如何，会影响其人缘。在这里，我们暂且粗略地将口碑较好的人统称为"君子"。世界上有白就有黑，有正义就有邪恶，同样有君子就有小人。每个时代都有好人、坏人。正所谓"小人难养"，面对小人，我们不一定要让他喜欢，但千万不能得罪他，至少在表面上要做到这一点。

小人不一定愿意做小人，有时也迫不得已。如果我们以仇视的态度去对待小人，跟他们划清界限，那么弄不好，我们会成为小人的攻击对象，成为别人眼中的小人。

小人常常是一个团体纷扰之所在，他们造谣生事、挑拨离间、兴风作浪，很令人讨厌，所以有些人对这种人不但敬而远之，甚至还抱着仇视的态度。

仇视小人固然能显出你的正义，但在社会交往中，这并不是保身之道，反而凸显了你的正义不切实际，因为你的"正义"公然暴露了这些小人的无耻、不义。再坏的人也不愿意被人批评为"很坏"，而总是要披一件伪善的外衣。而你特意凸显的"正义"，照出了小人的原形，这不是故意和他们过不去吗？君子不畏流言、不畏攻讦，因为问心无愧。小人看你暴露了他们的真面目，为了自保，为了掩饰，他们会对你展开反击。也许你不怕他们的反击，也许他们也奈何不了你，但你要知道，小人之所以为小人，是因为他们始终在暗处，用的始终是不法的手段，而且不会轻易罢手。你别说你不怕他们对你的攻击，看看历史的教训吧，忠臣往往遭奸臣陷害。

所以，和小人保持距离就好了。只要他不违法，没有达到道德败坏的程度，就不必疾恶如仇地和他们划清界限，他们也是需要自尊和面子的。

在日常生活中，存在着各种各样的小人，我们上面大致对其进行了分析。那么，具体的我们又该如何妥善处理和小人的关系呢？

以下几个原则不可不知。

（1）不得罪他们。一般来说，小人比君子敏感，心里也较为自卑，因此你不要在言语上刺激他们，也不要在利益上得罪他们，尤其不要为了正义而去揭发他们，那样只会害了你自己。自古以来，君子常常斗不过小人。小人为恶，让更有力量的人去处理吧！

（2）保持距离。别和小人们过度亲近，保持淡淡的关系就可以了，但也不要太过疏远，好像不把他们放在眼里似的，否则他们会这样想："你有什么了不起？"于是你就要倒霉了。

（3）不要有利益往来。小人常成群结党，霸占利益，形成势力，你千万不要想靠他们来获得利益，因为你一旦得到利益，他们必会要求相当的回报，甚至贴上你不放，想脱身都不可能！

（4）小心说话。如见面谈天气什么的就可以了，如果谈了别人的隐私，谈了某人的不是，或是发了某些牢骚，那么这些话常常会变成他们兴风作浪和有必要整你时的资料。

孔子说："唯女子与小人难养也。"当然，这句话带有对女性的歧视，是不可取的，这里主要讲的是小人，连孔圣人都觉得小人"难养"。所以，我们在生活和工作中要处理好与小人的关系，不到万不得已，还是不要得罪小人，把因小人带来的伤害尽量减到最小。

【鉴招拆招】

与一些口碑差，且被老板、上司或同事列入"黑名单"的人交往，要注意频率与深度。另外，吃了小亏，不要去讨公道，否则只会得罪对方，结下更大的仇。

讨厌一个人而不翻脸，你就懂得了至极的尊重。

——佚名

话说补台与拆台

在人际交往中，尤其是同事之间最怕互相拆台，本来很有可能办好的一件事情，有人拆台，结果办砸了；本来眼看就要成功的事情，有人拆台，也功败垂成了；本来就没有多大希望成功的事情，有人拆台，那结果更是可想而知了。拆台不仅会把所做的事情搞糟，而且会使被拆台的同事颜面丢尽，使今后的工作更加难以开展。

对于同事的缺点，如果平日里不当面指出，那么在与外单位人员接触时，就很容易对同事品头论足、挑毛病，甚至恶意攻击，影响同事的外在形象，长久下去，对自身形象也不利。同事之间由于工作关系而走到一起，就要有集体意识，以大局为重，形成利益共同体。特别是，在与外单位人接触时，要有"团队形象"的概念，多补台，少拆台，不要为自身小利而损害集体大利，最好"家丑不外扬"。

人事部最近新来了一位经理，工作认真负责，下属对他也很尊敬。但是有一次在工作接触中，业务部经理王某不经意地向人事部的一位秘书透露了一个消息：人事部经理是某董事的亲戚，要不按照他的资历根本不可能坐上经理的"交椅"。言谈之间，王某流露出颇为不屑的神情。

这个消息很快在人事部传开了。那位新经理毫不知情，仍然像往常一样工作着，他只是觉得下属对他的态度似乎有所改变。以前下属见到他总是热情地主动打招呼，现在似乎老远就躲着走了，尤其是资格较老的几位副经理，言谈举止间颇有些不敬之意；以前他每下达一项命令，总是能够得到很好的贯彻执行，但现在阳奉阴违的现象时有发生，工作布置下去，却往往不能很好地完成，甚至有人当面提出反对意见，使他在面子上很过不去，工作阻力越来越大。后来他了解到，所有这些变化都是由王某的一句话引起的。通过这件事情，两位经理之间不可能形成良好的工作关系，这是显而易见的。

在现实生活中，我们应该学会思考：怎样获得双赢，不拆别人的台，也防止被人拆台。其实，很多人的心里认为打击、贬低了竞争对手，就是抬高了自己，就令自己处在了有利的竞争位置上。这种思考模式其实是一种致命的思想误区。当然，一个人习惯性的拆台心理，不是这么容易改变的。而喜欢对别人进行猜疑的心理，也是融洽合作的毒药。但是，同事朋友间相互拆台，于人于己无利，且会产生巨大的内耗。所以，平时要小心拆台的人，尤其是在一个团队内部，一个人不管是拆别人的台，拆上司的台，还是拆团队的台，都会造成严重内耗。如果你正在管理一个团队，正在带一帮人做一件事，就要让那些有过拆台史或是有拆台倾向的人离开团队，否则，他会像搅屎棍一样，破坏团队内部的氛围，给你的人生与事业带来更多的羁绊。况且，拆别人台的人，也必然会遭到别人反拆台的报复，你今天打他一"拳"，就要提防他明天还你一"脚"，这就形成了恶性循环，最终只能是两败俱伤。所以，不管是朋友还是同事，爱拆别人台的人一概不要亲近，你越亲近他，他越了解你，你的风险越大。

【鉴招拆招】

爱拆台的人，一般做不成什么大事。如果别人拆的是小台，就要保持一个好心态，不要受他影响，否则就中招了。如果对方拆台拆得让你下不了台，就要学会理性对待，该反击时要果断出击。

100个人当中，有99个都说他好的人，那这个人，不是轻薄，就是先知先觉；不是强盗，就是奸细。

——佚名

反面观察法

年轻人在恋爱时，经常会听到女方这样说："我最讨厌你了！"

"啊！这下完了！她肯定再也不会理我了！"——这一般是感情经验不足的毛头小伙子的想法。

"哼！真会装模作样！"——而在感情上已经有些经验的年轻人，则已经可以了解对方的心意了。

在现实生活中，我们会发现很多类似这种心里喜欢你，表面却装成讨厌你的情形。

所以，我们想看透一个人，如果只凭他所说的话来判断，那是无法达到目的的。为了避免误会，我们要将反面观察法与正面观察法配合交互使用。

在《孙子兵法》中，有30项探知敌情的具体方法，下面这10项是与反面观察法相关的条目，可以供大家参考。

（1）敌方一面采取和平外交的方式，一面积极备战，我们可以判断敌方是企图进攻。

（2）敌方一面采取强硬外交的方式，一面做积极进攻的姿态，这时，敌方可能是正准备撤退。

(3)敌方战斗力并没有转弱,却希望和谈,这多半是另有谋略。

(4)敌方退退进进,忽隐忽现,多半是以计诱之。

(5)夜间作战,喊声巨大,表示敌方胆怯。

(6)敌将辱骂部下,证明敌军疲于应战,失去了战斗意志。

(7)敌将对部下过分亲密,证明军心已开始动摇。

(8)滥发赏金就证明领导者已无良策。

(9)随意责罚部下,证明领导者已乏良策,军心大乱。

(10)敌方派使者前来,表示敌军等待援军重整旗鼓。

以上10项若加以分类,第(1)项至第(4)项是看透敌方意图的方法,第(5)项至第(10)项是透视敌方状况的方法。

上面所说的"敌方",如果改为"对方",那么范围就更广泛了。我们若能善用反面观察法,那么对方的状况,我们就能了如指掌了。

反面观察法,是根据自然运动法则创造出来的双方面思考法。这种法则起源于老子的思想。老子曾说,宇宙间的物体,经常保持对立的状态,因为宇宙的运动最终又会返回原来的状态……这就是自然的运动法则。

有表就有里,但这些都不是固定的,因为相互间会有变化的趋向,如果只从单方面看,实在不能看出真相,因此,要从两个方面观察。

下面就是四个从反面观察得出的对人的结论。第一,愈是会装模作样的人,内心愈空洞。第二,平时不易接近的人,突然变得很热情,他多半另有企图。第三,对于过分替自己辩解的人,不可放弃对他的疑心。第四,说话夸大的人,大都缺乏自信。在日常生活中,只要细心去观察,相信可以发现很多类似的事例。如听到某些意见,马上就"是!""对!"表示赞同的人，事实上很少会按照意见去做。

反面观察法运用在透视人的性格上，也是很有效的，因为优点的反面就等于缺点，缺点的反面就等于优点。

【鉴招拆招】

众人都认为好的人，不一定就是善人，这好比法官宣判一样，胜诉的一方，都说法官很好；败诉的一方，都说法官不好。那么，到底法官是好人还是坏人呢？因此，我们判断一个人，应该经过多方面的观察之后再下结论。

第五章
做一个对别人有用的人

人人都想做主角,不愿做配角。其实,不愿做配角的人,永远做不了主角。任何人都不能跨越做配角的过程直接做主角。大家围着你转,不是因为你与众不同,而是因为你有价值。如果你要名声没名声,要财富没财富,什么都没有,那么谁有义务捧着你呢?只有对社会有贡献,能给人带来好处,你才会受欢迎。

别人嫉妒你,说明你走在他前面。别人恶意炒作你,说明你有影响力。所以,要争气不要生气,要开心不要伤心。生活原本就是镜子,你笑它也笑,你哭它就哭,坚持做自己!

——佚名

别太把自己当回事

人不能太把自己当回事儿,尤其是一伙人围着你转的时候,要知道自己几斤几两,清楚自己扮演的角色。如果你什么也不是,却是圈中的红人,那么先不要装"爷",人家多半不是冲着你来的,而是冲着你的老爹、老妈,或者是你认识的某个大富大贵之人,抑或是你家某个值钱的玩意儿……这就像你本身是个穷光蛋,贼却老惦记着你,不是贼笨,而是你身上有可偷的东西。

就拿求人这件事来说,用"爷"的范儿求人多半没戏,就得用"孙子"的低调与谦逊。当然,中国的知识分子对这事儿特有抵触心理,觉得别扭,小曾也是。但他既把自己当演员,也把自己当观众。有时候,站在观众的角度看,就不那么别扭了。

人有三种不舒服的姿势:趴着、蹲着、跪着。这三种姿势许多人都可能会遇到。创业时想站着很难,更多的时候是趴着,这是对心态的挑战。

现实就是这样,年轻的时候心态不成熟,一味地当"爷",或一味地当"孙子",这两个角色你都当不好。慢慢长大,尝试过当"孙子"的滋味,日后才能更好地当"爷",才更清楚当"爷"该如何和当"孙子"的人打交道，反之亦然。这样，不论当"爷"还是当"孙子"，都可以当得很称职。

人生就像手风琴，要先被生活和环境压缩到零，再从零舒展起来，才能奏出动听的旋律。好多大老板在创业的时候，都是先学会当"孙子"，跑银行贷款，和客户谈生意，不当"孙子"行吗？别说求人办事了，就是找一些有名望的人交流，探讨一些问题，好吃好喝供上不说，还得毕恭毕敬。有一个老板，手下有几百名员工，平时吆五喝六，厉害得很，且不允许大家叫他赵总，而要叫他领导，大概是因为公司这总那总太多，以示区分吧。虽然在公司内部他是派头十足，和员工谈话，脚经常是搭在办公桌上。但是，每次与客户谈生意时，他的腰都快要折了，遇到大客户，他立马变得温文尔雅，甚至有些腼腆。

这就是现实，不是你想做"爷"就做"爷"，而是有人愿意给你做"孙子"，你才有可能当"爷"。当一群人围着你转时，你有了做"爷"的感觉，但是，换个环境，你又可能是"孙子"。既会当"孙子"又能当"爷"的人不是简单的人物。如果不会先当"孙子"的人，万万是做不了"爷"的，因为一旦你做"爷"的那点资本耗尽，众人必会离你而去。所以，为了留下身边的精兵强将，要学会以"孙子"的身份去争取更多的资源、机会；否则，围着你转的恐怕只有混吃混喝、不思进取的庸人了。这既是做企业、做老板的道理，又是做人的道理。

【鉴招拆招】

太宰治在《人间失格》中有一句话："先穿袜子再穿鞋，先当孙子再当爷。"生活中，总会有一些强势的人，让你讨厌和他做朋友；工作中，总会有一些自以为是的上级，让你分分钟想辞职不干了。《易经》有云："谦谦君子，卑以自牧。"真正的"腕儿"，从不把自己当"腕儿"。

真正的朋友，在你获得成功的时候，会为你高兴，而不捧场。在你遇到不幸或悲伤的时候，会给你及时的支持和鼓励。在你有缺点可能犯错误的时候，会给你正确的批评和帮助。

——马克西姆·高尔基

有益的利用和有害的利用

我们常听到一句话："不怕被人利用，就怕你没有利用的价值。"一个人只有被利用，才能显示出自身的价值。严格来说，像我们找工作、谈合作，都是在寻找被利用的机会。在被利用的同时，我们自身也会成长，也会获得机会。但是在人与人交往中，带有某种损人利己色彩的"利用"不在此列，此种"利用"更像是一种谋略与算计。尤其是那些一心只想着利用你的人，他不考虑你可能会受到的伤害，他为了自身的利益会为你设局，为你编剧本。比如，有些导演和制片人常常利用一些女孩子迫切想成名的虚荣心，对其进行"潜规则"。如果你只想着被利用而不顾及后果的话，那么很有可能会吃亏。

其实这种不道德的行为在朋友之间也可能存在，我们要懂得防备，警惕对方的行为。我们不能因为顾及这份友情而纵容朋友的所作所为，轻易相信对方的诚意，或者心甘情愿地受对方的利用和剥削；否则，对方可能会得寸进尺，等到你被剥削到一无所有时，等到你身上的利用价值不值一提时，对方就会毫不留情地将你抛弃。到了那个时候，你所珍视的友情一样不复存在，而你将要面临更多的风险，吃更多的亏。

既然如此，我们在一开始的时候，就要认清朋友的真面目，就要拒绝和那些喜欢利用别人的人交往，就要及时疏远那些人，不能让对方有可乘之机，更不能主动去让对方利用。否则，你的麻木只会让自己成为友情的牺牲品，成为对方手中的棋子，到最后，受伤的只会是你自己。

在第二次世界大战中，为了打败轴心国，美国、苏联、英国、法国等国家组成了盟军，分别从不同的方向进攻柏林。由于意识形态的不同，苏联一直受到美、英等国的戒备和敌视，甚至在很长一段时间内，苏联都是美国人可怕的假想敌之一，但是当"二战"爆发之后，为了对付共同的敌人，他们需要成为盟友和朋友，需要携手作战。

随着战争接近尾声，美国的巴顿将军却突然将矛头对准了苏联人，原因很简单，他认为苏联人的利用价值不高了，美国没有必要再与之联手。此外，这些红色政权下的士兵就像机器人一样，将来多半会成为美国可怕的对手，因此美国人现在就需要对付苏联人，尽可能地消除苏联人的影响力。可实际上呢？在当时的盟军中，苏联仍然是不可忽视的力量，美、苏双方仍然有很大的合作空间，因此巴顿将军的提议反而让盟军内部的一些高层官员困惑不解。

事实上，巴顿将军的提议是有远见的，美国和苏联在此后的半个世纪里一直缠斗不休，并且深深地影响了世界的发展。但是在20世纪40年代，任何一个人都知道那场战争无论离开谁，都会打得异常艰难，苏联人或者美国人都不可能独立击败法西斯，至少过程会变得更加艰难，而到了战争结束的时候，这种合作仍然很有必要。

因此，艾森豪威尔等人明确反对巴顿将军的提议，他们觉得如果此时对自己的朋友下手。首先，会受到国际舆论的指责；其次，苏联人也是一个强劲的对手，在双方消耗比较大的情况下，美国人并没有必胜的把握；最后，也是重要的一点，虽然法西斯的主力部队被消灭了，但是一些残余的势力仍旧存在，如果这个时候西方世界和苏联红军交战，这些残余势力就会乘势而起，那么也许第二次世界大战结束之后将很快出现新的混战，这对任何一个国家来说都是负担。所以艾森豪威尔并没有理会巴顿，而且故意限制了巴顿的权力，因为他担心这个口无遮拦的家伙会惹恼苏联朋友，甚至破坏盟约，这样很可能会很快引发苏联人的反击。

而那个时候，由于巴顿将军经常在苏联人面前表现得傲慢无礼，也让苏联人心怀戒备，他们隐约感觉到美国人可能要对自己动手了。苏联的朱可夫将军甚至有了一种不祥的预感，当他的下属前来向他汇报攻入柏林的战况时，这位将军的脸上并没有什么笑容，只是说了一句话："这场战争之后，我们将会面对什么？"

尽管美国内部有人想压制住反对苏联的势头，但是美国人迟早会翻脸的，这一点苏联政府以及朱可夫都心知肚明，他们不想等到自己的价值被利用完之后，就成为别人的眼中钉，成为别人抛弃的对象。所以苏联人开始着手进行准备，经过了战争的洗礼之后，这两个国家成为世界上最强大的军事集团，此时他们不得不进行防备。

可以说，当巴顿将军进行表态的时候，苏联人已经开始着手准备了，而且已经准备和美国人划清界限，包括在德国占领的问题以及一些国际事务上，苏联都开始为自己的利益做准备。所以，"二战"结束之后，两个国家正式走上了对抗的道路，可见朱可夫的猜测并没有错，而苏联人也做好了准备，尤其是1949年原子弹的爆炸，更是让苏联人有底气和美国人平等对话。

无论如何，利用朋友都不是件光彩的事情，我们在面对这种喜欢利用别人的人时，最好也像朱可夫将军一样，事先就明确作出判断并及时做好准备。在必要的时候，我们应该保持理性和冷静，要懂得看清自己的朋友，要懂得主动撇清关系，防止惹上不必要的麻烦。

很多时候，我们觉得别人对自己很好，觉得对方非常信任自己，什么事情都让自己去做。因此完全可以结交朋友，而为朋友付出是应当的，是非常有必要的。可你有没有想过，这样的朋友是不是真心实意地对待你呢？当你不顾一切地为之付出，或者心甘情愿地被对方利用之后，对方很可能会一走了之，将你当成一个没用的垃圾一脚踢开。这一点你不得不认真考虑一下，而且你也应该去这么考虑，因为像这样的人根本就不值得我们去付出。

【鉴招拆招】

真正的朋友，应该是互相帮助，真诚付出。如果将利用与被利用的关系牵扯其中，就谈不上友谊。一旦发现对方打着友谊的幌子在利用你、伤害你，要做好绝交的准备，以免被人利用完之后直接抛弃。

真正的朋友不把友谊挂在嘴上，他们并不会为了友谊而互相要求一点什么，而是彼此为对方做一切办得到的事。

——维萨里昂·格里戈里耶维奇·别林斯基

莫要热衷弱关系

一生中，你见过的、认识的厉害的人可能很多，但真正能和你建立良好关系的又有几个人呢？经常有人说，他的战友是哪个企业的老板，他的好朋友在哪里做领导，他的同学和某大咖是什么关系……可是你跟他有多大关系呢？如果非要说有关系，那也是一种弱关系—仅仅是认识，或打过招呼而已。这就像你在街上和陌生人打了一个招呼，后来知道这个人物不简单，你便觉得自己与他有点关系一样。如果和你打招呼的是个乞丐呢，你是不是还把他当成自己的谈资呢？

许多时候，我们总是以在哪个圈子、认识谁为荣，其实，你可以以牛人为榜样，学习他们的优秀之处，努力成为他们那样的人，如果你不能拿出成绩和你认为的牛人平起平坐，那么你永远都会是那个去合影的人，而不是被合影的人。

有一个朋友，微信朋友圈里有上千好友，货真价实的友交达人。任何地方有过一面之交的人，或者是搜索附近的人，全都圈为好友。有事没事，总会讲这些朋友的故事："这哥们儿是北京的，×××公司老板；这哥们儿是干大买卖的，本地房产行业龙头；这爷们儿了不得，家产几个亿……"天天几乎是手机不离手，一天要发好几十条朋友圈，与他的好朋友们谈工作、谈生活、谈理想、谈吃喝、谈国际大势……

这位朋友朋友圈里的上千朋友虽然大多相互没见过面，连对方性别是真是假都没搞清楚，但还是话语投机，情意融融。他经常盛情邀请朋友圈里的朋友："兄弟，没事来玩呀，我一定陪吃、陪喝、陪玩、陪……"朋友圈里的朋友也经常向他发出诚挚的邀请："哥们儿，没事也到我这里玩玩呀，我一定请你吃饭、喝酒、喝茶、喝……"

有一天，他出差到苏州，想起朋友圈里那个和他聊得投机，且经常邀请他去玩的苏州微友，便给人发微信："兄弟，我到苏州了。"平日秒回的微友，一个小时后才回话："啊，真不巧，我刚到美国。"其实，那朋友哪里有出国，明明就在附近几公里处！

见了谁都是朋友的人，谁也不把你当朋友。朋友也有真假，有亲疏远近。所以，人脉不求多，但一定要求精、求真。一个人的时间与精力都是有限的，不可能整天花大把的时间交朋友，去维系各种友情，如此，你靠什么去做工作、干事业？自己都活不出个人样来，拿什么争取、维持友情？

要把有限的精力分配给那些有价值的关系与朋友。即使是行业大佬，活得很风光，人脉看似一片繁荣，其实也没有你想象的那么好——在利益与名声面前，他们更要擦亮眼睛去辨别哪些人是真朋友，哪些是伪君子。

交友如果单从数量上取胜，那么高速公路收费站的收费员，为了销售业绩"扫楼"的销售员，景区的售票员……这些人每天都要接触上千人，是不是应该当之无愧成为"人脉之王"？

【鉴招拆招】

朋友在精不在多。孟尝君门下食客三千，平日里一个个哥们儿长哥们儿短的，关键时候，能拼死相救的，也就只有那么一两个。所以，被你圈进朋友圈里的人，不一定是你的真朋友——除了习惯性点赞之交，你们是否能共同面对诗和远方呢？

天下熙熙，皆为利来；天下攘攘，皆为利往。

——司马迁

人情债

  在现实生活中，有一种人是万万交不得的，此种人想利用你的时候，恨不得跪下；用不着你的时候，立马视你为空气。平时，谁有用，他们就围着谁转，迎奉拍马非常有一套，但是在人情债面前，记性不大，忘性却不小。中国人向来是非常重视报恩的。古人说："滴水之恩，当涌泉相报。"只要有人帮过自己，只要别人对自己有恩，那么我们就应该主动去报恩，并且会永远都记住这份情谊，即便是朋友之间，也要懂得还上这份恩情。而那些忘恩的人，多半会受到道德上的指责，毕竟忘恩负义的行为往往为人所不齿。英国人说："忘恩比说谎、虚荣、饶舌、酗酒或其他恶德还要厉害。"因为忘恩的人否定了生活，否定了朋友的关心，也浪费和辜负了别人的好意，这种人不值得我们去深交。

  朋友之间也许没有必要遵从那么多的陈规旧俗，也没有必要事事都算得非常清楚，不过，这并不意味着朋友之间可以完全不在乎人情往来，可以不在乎那些细枝末节的东西。对于朋友来说，我们也要懂得必要的维护手段，也要经常去维护和巩固彼此之间的感情，如果你放任不管或者当成无所谓，那么很有可能会超过友情的负担范围，会透支友情。

  何文在大学毕业后找到了一份好工作，并且很快成了公司里的管理人员，由于薪资待遇很不错，他就想办法将自己几个好朋友弄到公司里来。当然，他也花费了一番力气，毕竟一下子将好几个人弄进公司非常困难，需要上下打理关系，尤其是要通过上级领导的认可，这对一个进入公司不久的人来说，多半会很困难。可是何文还是想办法打通了关系。

当朋友们都进入公司后，几个人都没有提起这件事，就连一句感谢的话也没有说过。何文虽然感觉很累，但是觉得自己这样做很有意义，毕竟这些人都是自己的朋友，而帮助朋友本来就是自己应该做的。

工作之后，何文非常照顾这几个朋友，只要对方提出什么请求或者遇到什么麻烦事，他都会想办法解决，都会努力帮助朋友渡过难关。可是朋友们依然装成什么事情也没有发生过一样。何文虽然嘴上并没有说什么，也没有要求什么，可内心还是觉得有些失落，毕竟自己一直以来都在默默付出，可是至今连一句答谢的话也没有得到，朋友们也没有想过请自己吃饭，或者送给自己一些礼物什么的。其实他根本不在乎这些形式上的东西，不过朋友们连提也不提一下，这还是让他心里有些不舒服。

有一次，朋友们在工作中和同事发生了争执，几个人大吵了起来。何文其实在公司里还是有些威望和地位的，而且深得老总的器重，因此他的话通常很有分量。基于此，朋友们很快找到何文，希望他能够帮助自己出头，可是何文却感到很为难，毕竟这些人都是自己的下属。他不能因为是自己的朋友就为难其他人，而且这件事也的确是朋友们犯错在先。所以那次何文主张息事宁人，省得别人说自己恃强凌弱。

何文的表态让朋友们很生气，他们纷纷指责何文为了个人的形象和名誉，不肯帮忙解决问题，结果几个人怒气冲冲地离开。何文感到非常伤心，要知道自己过去给予了朋友们很多帮助，可是对方却当成没事发生一样，这也就算了，如今又因为一件小事而指责自己，这让他觉得很失望。尽管是朋友，可是他觉得人应该有自知之明，要懂得相互尊重和体谅，更要懂得感恩。思考再三之后，何文决定和这帮朋友绝交，因为他知道即便自己付出得再多，那些朋友也一样不会知足，更不会感恩，而只要自己有一件事做得不那么称他们心意，就会受到他们的指责和谩骂，这样的朋友迟早会拖累自己。

都说亲兄弟也要明算账，人与人之间的人情往来，有时候还是需要一笔笔记下来。对于朋友的帮助，我们应该心知肚明，谨记于心；对于朋友的付出，我们应该心怀感恩，及时报答。人应该懂得尊重别人的付出，不能对帮助自己、善待自己、支持自己的人视若无睹，不能将过去受到的恩情全部抛到脑后。感恩之心是一个人最基本的道德素养，连感恩和报答之心都缺乏的人，不值得结交。

对于刻意榨取别人价值的人，你不要期望在为他付出后，会得到他的什么回报，你付出得越多，他的胃口会越大。中国有句古话："救急不救穷。"对这样的人，当他求你的时候，不要心怀怜悯，更不要急着答应。否则，你不但收不回你的人情债，甚至连一句感恩的话都听不到。

【鉴招拆招】

如果朋友只想着从你身上捞一些好处，那么你要小心了！因为一个不懂得人情，也不想还人情债的朋友，并不会将你放在心上，他的眼里可能只有自己。一旦对方觉得你没有什么利用价值，或者你对他有什么不友好的举动，他就可能翻脸。

处事须留余地，责善切戒尽言。

——《格言联璧》

帮忙要留有余地

一个年轻人在北京刚创业的时候，有个铁哥们儿得知他做了老板，觉得他混得不错，便大老远地跑来投奔他。到了北京才知这位朋友的处境，他只是在一栋公寓租了一间办公室，吃、住、办公全在这里，条件也简陋。铁哥们儿见状，只好暂且和他住一块儿，再另行找工作。这一住就是一个月，工作还是没有着落。

一天，年轻人好心建议铁哥们儿：可以先做一些简单的工作，像什么什么。对方一听，脸就耷拉下来了："自己再差也不至于去干那样的工作。"后来，年轻人托人为他联系了一份工作，还管食宿。那哥们儿一听，立马就和他翻了脸："我不就在你这儿住几天嘛，也不用这样急吼吼地赶我走啊。"

年轻人好意解释了一番，对方还是满脸不悦。

有句话叫："好事做尽，引狼入室；坏事做绝，自取灭亡。"好心帮忙，非但没帮出人情，反而帮出麻烦来，到底是谁的错？

可以说两个人都有问题。首先，这位被帮的哥们儿心眼太小、太敏感，他不该曲解朋友的好意。其次，这位朋友太实诚，他没有照顾到对方的脆弱心理，人家吃住在你这里，多半会有一种亏欠感，你在这个节骨眼儿上给他联系包食宿的工作，想让人不产生一些联想都难。

其实类似的问题，并非只会发生在老实人与敏感者之间，帮忙帮出倒忙，帮出矛盾，是很常见的现象。为什么会出现这种情况呢？

首先，好事做尽，易遭人误解。

太热心肠，过度为对方着想，皇帝不急太监急，难免会让人浮想联翩，你这是要演哪一出？上面的故事就是一个活生生的例子。还有一种情况，一副热心肠帮比你声望大、地位高的人，会让人觉得你定有所图。常见的情形是：你帮人家一个忙，人家会立马还清你的人情，概不赊欠。这种人是很难相处的，但凡遇到这种情况，十之八九是人家不想和你深交。所以，不论是帮熟人，帮朋友，还是帮有钱有势的人，都要适可而止，不可太实诚。

其次，好事做尽，易打破人际平衡。

人与人相处，表面上可能如胶似漆，其实心里都绷着利益这根弦。不只是付出大于所得心里会失衡，当一个人得到的大于付出时心里也会失衡。很容易理解，当你觉得别人的恩情过重，自己没办法报答，或是没有机会报答时，愧疚感就会让你选择疏远对方。这就是为什么在人际交往中，层次、地位差不多的人，往往会组成一个圈子，如果大家地位、财富悬殊，便很难混到一个圈子里，就是因为大家一旦走近了，一有人情往来，必会出现各种不平衡。

再次，好事做尽，会透支你的价值。

人与人之间的交往，本质上是一种社会交换，这种交换同商品交换所遵循的原则是一样的，即人们都希望在交换中得到的不少于所付出的。好事一次做尽，那你就没有"剩余价值"可利用了——都在你身上"赚"够了，当然对你的依赖感也就不那么强了。当你饥肠辘辘的时候，吃一个馒头那是美味，吃五个馒头，你就会食不知味。正常的人际交往，应该是你今天有事求我，我明天有事求你，事虽不大，但是有来有往，这才会显出朋友的特殊关系。

最后，好事做尽，让人觉得你多余。

如果人家压根儿不需要你的帮助，只是顺口客套了一句，你就认真起来，尽展帮人之术，那就不要劳驾人非得和你说声"谢谢"，因为你的帮助是多余的。烧火棍一头热是帮不出人情的。

生活中许多"好心当成驴肝肺"的情况，并不是因为对方不识好歹，也不是因为恩人做得不够，而是帮得太多，原本的帮扶不知不觉中在对方心目中变成了理所应当。

做好事，帮人忙，是一种美德，值得称道，但在帮忙前，宜看人看事，值得帮的，可以伸手；不值得帮的，绕行；可以这样帮的，不要那样帮；可以小帮的，不要大帮。唯有拿捏好其中的分寸与尺度，方能帮得其所。

【鉴招拆招】

不留余地地帮人，一来自己付出的代价太大，二来会给被帮人带来压力。所以，帮忙要有度，越界会产生"负"作用，就像吃药一样，吃什么药，吃多少量，要依病情而定。

第六章
人生，尽在抬头、低头间

"难得糊涂"历来被推崇为高明的处世之道。糊涂是假的，"装傻"的人既不是真傻，也不是真狡猾，关键就在这个"装"字上。只有当你具备灵敏的思维、睿智的头脑、生活的智慧时，才能"装"得恰如其分，"傻"得恰到好处。像这种"装傻"，不仅是真正的聪明，也是一种艺术，更是一种远离伤害的大智慧。

毫不奇怪,我们所有的人都或多或少乐于跟平庸者打交道,因为那会使我们心安理得;使我们产生一种与自己相同的人交往的舒适感觉。

——约翰·沃尔夫冈·冯·歌德

装傻

在职场上,上司都不喜欢"太聪明"的人,记住这一点是不会错的。你想想,领导身边都是一些比他更聪明的人,他会有安全感吗,他能找回应有的自信吗?任何一位领导,都有获得威信的需要,都不希望部属超过并取代自己。比如,在公司人事调动时,如果某个优秀、有实力的人被指派当自己的下属,部门经理就会忧心忡忡,因为他担心某一天对方会抢了自己的位子;相反,若是派一位平庸无奇的人当自己的下属,他便可高枕无忧了。

有位朋友工作能力很强,头脑非常清楚,他的领导常常礼贤下士,向他请教。周围的人都认为他的领导会重用他。但事实呢?有一次聊天,提到这个话题,他苦笑,说领导不打击他就是万幸了,哪敢指望重用?他现在还没有遇到什么不幸,因为他的领导还算是个是非分明的人。但是他也不可能被提拔了,领导一般不会提拔能干的下属,除非领导比你更能干,能够找到驾驭你的感觉。

因而,聪明的人总会想方设法掩饰自己的实力,以假装的"不太聪明"来反衬上级管理者的高明,力图以此获得上级管理者的青睐与赏识。在公司的工作会议上,当总经理阐述某种观点后,他会装出恍然大悟的样子,并且带头叫好;当他对某项工作有了好的可行的办法后,不是直接发表意见,而是在私下里或用暗示等办法及时告知总经理,同时,再抛出与之相左甚至很

"愚蠢"的意见。久而久之，尽管在下属中形象不佳，有点"不太聪明"，总经理却对其倍加欣赏，信任重用。

所以，善于处世的人，常常故意在明显的地方留一点儿瑕疵，让人一眼就看见他"连这么简单的事都搞错了"。这样一来，尽管你木秀于林，别人也不会对你敬而远之，反而会缩短别人与你之间的距离。

其实，适当地把自己的位置放得低一点，就等于把别人抬高了很多。当被人抬举的时候，谁还放不下敌意呢？要知道，只有让上司感觉你"不太聪明"的时候，他的自尊和威信才能恰当地表现出来，这个时候，他的虚荣心才能得到满足。

上司交办一件事情，你办得无可挑剔，似乎显得比上司还高明。你的上司可能就会感觉自己的地位岌岌可危，你的同事可能认为你爱表现、逞能。置身于这样的氛围，你会觉得轻松吗？

如果换一种说法，对于上司交办的事情，你三下五除二就处理完毕，上司首先会对你旺盛的精力感到吃惊，认为你效率高。但是，虽然你完成了任务却未必完美，这时上司会对你指点一二，哪怕不痛不痒也好，从而显示他到底高你一筹。这就好比把主席台的中心位置给领导留着，只等他来做"最高指示"。

由此可见，揣着明白装糊涂是一种生存智慧。在当今这个竞争激烈的社会，能够有一席之地实在不易，这时人生最难得的不是聪明而是装糊涂。有时，揣着明白装糊涂，这种"糊涂"可以让你拥有更大的力量。

【鉴招拆招】

老子曾经说"满齿不存，舌头犹在"。做一件具体的事，硬碰硬地做是不行的，必要时也要装下"糊涂"，想出迂回的办法。有些事情，自己太精明了，便无趣了。

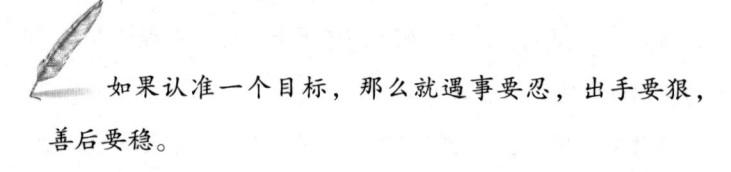

> 如果认准一个目标，那么就遇事要忍，出手要狠，善后要稳。
>
> ——李宗吾

长个笨模样，脑子一定要活

《亮剑》电视剧里有这么几段剧情。

有一次，李云龙对赵刚说："要我自己搞武器，行啊，你不能限制我的自由啊，总要有点自主权吧。又要我当乖孩子，又要我自己想办法搞武器，又限制我的自主权，这叫不讲道理。"

几句话反倒把赵刚说服了，同时也把攻打万家镇的动机说得很清楚——是旅长以前同意的，还把作战行动说成搞副业。这样说，赵刚能理解，也会同意。那个年代，搞武器哪来这么多条条框框。真正的职业军人不可能什么大事小事都请示上级，该自己拿主意的就要自己拿。

有一次，国民党军队一个营进驻大孤镇，李云龙截获了他们的物资不还，并且在该镇安排了一个团的兵力，威胁国民党军队。最后成功达成对方撤军的协议。

国内战争时，有一次，下属部队的士兵遭到第二师军官的打骂，且物资被抢。李云龙面对对方师长，让自己人把封条撕下来，作为以后打官司的依据。

表面上看，李云龙像个大老粗，笨头笨脑，做事经常由着性子来，不听指挥；实际上，这家伙却是一个诡计多端、老奸巨猾、善谈条件、从不吃亏的滑头。他处理种种事务，不管内事外事，那叫一个绝。

有人说，人家是在演戏啊。人生如戏，戏如人生，此时此刻，你不也在戏台上吗？为人处世，演戏是必需的，关键是怎么个演法。有些人镜头感很强，总是给人一种木讷、老实的外在形象，但是，做出来的事情就是漂亮。这种人你就是不能小看他。做事漂亮需要心机，需要头脑。

在复杂的社会环境中，你不去得罪人，不去害人，不代表别人不会害你、坑你。你得罪了一些人，也不代表这些人就会害你。许多时候，大家都是你猜我，我猜你；你坏我的事，我也坏你的事。有时你对人好，人不一定能对你好。因为大家都在玩人心较量这种游戏。

所以，你可以长个笨模样，但头脑要灵活，要懂得看人，这样才可以在公司里尽情施展自己。对于身边的恶人，也不能太客气。当然不是"恶狠狠"，像个灰太狼，而是要灵活做人。比如，在一个团队里，表面上大家是同事、是朋友，其实大家是竞争对手。如果你认不清自己的对手是谁，或者认清了对手，但是对方明里暗里算计你，你却无动于衷，就是老板想提拔你，你这智商又怎么能胜任呢？所以，虽然老板反对员工搞谋略，但是一个员工一点谋略也不会，整个人像根木头，又怎么敢让他担大任？

有个年轻人，刚进公司时，先是辅助同事做策划，但是他的创意很牛。这位同事看他老实，上报方案时，只说是自己的功劳。部门老大也不闻不问，你说是你的，那就是你的喽。年轻人挺不解，这分明是抢劫嘛。来了一个多月，一次，两次……老大三番五次找他谈话：你这货是来干吗的，让你做助理就是让你整天坐在那里发呆吗？他一边呆呆地坐在那里看老大发火，一边赌气：干脆走人算了！不行，同事对我不仁，也怪不着我不义。后来，抱着走人的决心，在下一次提交策划方案前，他不肯再配合同事的工作，而是单独递交了一个方案。同事只好临时赶了一个方案。老大看过后，找来他们谈话，年轻人直言：我总是一忍再忍，也希望同事给我一个在老大面前表功的机会，但我等到的却是一次次训斥，明说了，之前的方案都是我做的。老大瞪着眼珠子，很是诧异，但很快就醒悟过来，对他又是加薪，又是安抚，同事也对他表示了歉意。

对付一些在你身上动歪脑筋的人，要学会防范。可以让人说你笨，也可以让人说你善，但是绝不要让人觉得你真傻。在该让对方清醒的时候，没有比动点"硬"更有效的了。"硬"不是恶，更不是为了陷害谁，而是为了表明自己的决心和信心。

【鉴招拆招】

世界上最廉价的东西，就是一事无成的温柔。心软是一种不公平的善良，成全了别人，委屈了自己，却还被别人当成傻瓜。所以，做人可以不精明，但心要看得透，这样，世界上就没有什么事会让你伤心难受了。

巧干能捕雄狮，蛮干难捉蟋蟀；劈柴不按纹，累死劈柴人。

——佚名

莫只顾低头拉磨

犹太人的生存法则之一是培养勤勉的作风。他们认为对于勤劳的人，造物主总是给他最高的荣誉和奖赏，而那些懒惰的人，造物主不会给他们任何礼物。但是，犹太人也认同《塔木德》中这样的教诲：仅仅知道不停地干活显然是不够的。

勤奋不是坏事，但是你每天勤勤恳恳的时候，也要多问问自己：我是人才，还是人力？现实生活中，勤奋的人很多，有本事的人却寥寥无几。很多时候，未升职加薪的人并不是因为缺少勤奋，而是因为他们只知一味苦干，而不注重功劳。

在某公司的一次庆功宴上，有个老员工多喝了两杯，便略带自嘲地对老板说："如果论勤奋，你不如我，但是论成功，我根本不敢和你比。这是为什么呢？"

老板听后，一脸的愕然："我为什么一定要比你勤奋呢？我从来没有想过要靠勤奋来赚钱。尽管我也起早贪黑过，但那是很久以前的事了。那时，我为老板工作，比你们现在要辛苦，却没有你们挣得多。如今这个社会，靠勤奋是很难发财的。"

这位老员工不解地问道："发财不靠勤奋，那要靠什么？"

老板调侃道："既然大家都那么勤奋，就算缺了我一个，地球不也照样转吗？我的长处是提供让别人有机会勤奋的工作职位，而不是要比他们更加勤奋！"

现实生活中，一个人如果只顾埋头干活，不去观察身边的动静和他人的脸色，就会陷入"盲人赛跑"的境地。什么叫傻瓜？傻瓜不是脑袋有问题，而是确定了前方的目标后，只会拼命低头猛干，自顾自地往前冲刺，却没有看见由于自己的愚昧和鲁莽，把灰尘和泥泞都溅到了别人的身上。

邻居是做水果生意的，一年四季忙得四脚朝天，只有大年初一、初二能休息两天，其余的时候，他每天半夜就要起来上货，中午随便对付一口。几年过去了，未见他的生活有多少改善，还落下了一身毛病。有时，我会照顾他的生意，每次碰面，他都给人一种疲惫不堪、落寞无奈的印象。

有人劝他改行，或者改善一下经营模式。他只是说，干这行多年了，好歹知道门道，其他的生意真的没有考虑过。

做生意如此，干什么都是这个道理。一个光知干，而不知看的人，往往是不识眉眼、不懂分寸的人，多半不会受到周围人的欢迎。

为什么有些人不受身边人，尤其是不受领导喜欢？一个主要原因就是不求变，不会看人，做事教条，用人僵化。了解他的人清楚他的弱点，会伺机讨好他，跟着他混饭吃；不了解他的人，既不会讨好他，也不会多看他一眼。

如果你是老板，是领导，请"扫描"一下围着你转的人，你会发现一个不争的事实。那些最能讨得你欢心，最会把话说到你心坎里的人，多半是最了解、最爱琢磨你的人，而这些人也往往是最不努力干活的人。相反，那些埋头干活的人，往往也是与你距离感最强、沟通最少的人。由此可见，不管是领导，还是下属，在做事的同时，都要学会抬头看人，让彼此对周围的环境有更深的了解。

【鉴招拆招】

诚实、谦虚、坦率、正直、肯干，这些无疑都是优秀的品质。但是不看人看事，于无声处奉献自己，很可能被当成傻蛋，被人利用。任何时候都要记住：跟对的人，做对的事，好品质才会给你带来收获。

信赖，是人与人之间沟通的桥梁；信赖，是人与人之间美好的情感，所以信赖是每个人不可缺少的东西。

——佚名

与"精明"朋友的相处之道

不管你围着别人转，还是别人围着你转，你想过没有，聪明人与老实人，你希望结交哪种人？很多人会回答：老实人。原因很简单，老实人往往善良，做人比较诚实，比较踏实，他一般不会耍什么心思，也不会斤斤计较和算计别人，因此最适合交友。而那些精明的人常常喜欢算计别人，总是希望能够从别人身上占一些小便宜，这种人通常会拖累你。

正因为如此，如果你身边有喜欢斤斤计较的朋友，有喜欢占小便宜的"精明"人，那么你就要小心了，毕竟谁都不希望自己的身边有一个王熙凤式的朋友，和这样的人交朋友，你可能会成为第一个受害者。

在《三国演义》中，诸葛亮看到周瑜的第一眼，就知道对方是一个很有心计的人，所以尽管孙、刘联盟，诸葛亮和周瑜也称兄道弟，但是诸葛亮知道自己和周瑜这样的人在一起，很容易被对方算计，因为周瑜是一个心胸狭窄的人。而且周瑜对吴国是忠诚的，他不希望蜀国占到任何便宜，甚至还有心吞并蜀国。所以诸葛亮懂得和对方保持距离，以免发生不快，或者引起正面的冲突，并且选择和忠厚一些的鲁肃靠得更近，以此来作为联手的突破口。

在现实生活中，很多人都会认为"精明"的人往往能力比较强，可以很好地帮助自己解决问题，实际上这样的想法无异于将老虎当宠物来养。你不要指望老虎能够保护你，即便它能够帮助你吓退其他人，然而你忽略了一点，那就是它可能也会反过来伤害你。你指望依靠精明的人来帮助自己，这样的如意算盘显然是打错了，因为你自己很有可能成为对方算计下的第一个牺牲品。

洛克菲勒曾经说过："创业成功之后，你需要一个出色的会计来当助手，但是在成功之前，你最好不要和会计一起创业。"在洛克菲勒看来，精明能算的会计似乎是一把双刃剑。他能够为你争取到更多的利益，但是如果你和对方走得太近，那么第一个受到算计的人往往就会是你。

此外，有些人也许会认为那些"精明"的人只会对别人下手，而不会将魔爪伸向朋友，但是兔子真的不吃窝边草吗？你觉得一个精于算计的人会舍近求远吗？当你认为"精明"的人一般不会打身边人的主意时，实际情况恰恰相反，多数"精明"的人都喜欢从身边的人下手，比如说朋友。原因非常简单，占朋友的小便宜往往不会引起朋友太大的反应，毕竟很多人对自己朋友的这种行为都是睁一只眼闭一只眼，宁愿自己吃亏也不愿伤害朋友关系。在这样的心理下，那些精明算计的人就有了可乘之机，他们多半会把握好人心软弱仁慈的一面。此外，朋友之间往往比较亲近，相互比较了解，彼此之间都了解得一清二楚，这样更方便他们实施自己的计划。

这就像巴尔扎克小说《守财奴》中那个小气的葛朗台一样，这个吝啬鬼之所以能够发家致富，就是因为有一个"精明"的脑子，他懂得如何对生意伙伴进行盘剥。不仅如此，他还常常打妻子、女儿的主意，希望从她们身上捞到一点便宜，而且相比于从其他人那里搜刮财富，妻子和女儿在他面前简直就像是小羊羔一样，使他可以轻易得手。这就是"精明"人的一种性格，一种思维习惯，这种性格特征是不会轻易改变的，哪怕你是他的亲人、朋友，他也多半会算计到你头上，而且往往是先算计身边的人。

中国有句古话："得道者多助，失道者寡助。"我们也可以说，老实人多助，而"精明"人寡助。因此做人还是要谨慎一些，尽量远离那些喜欢算计别人的人，尽量不要和那些"精明"的人交朋友，要不然你就有可能受到朋友的伤害。

相信很多炒股的人都听说过索罗斯和巴菲特这两个人的大名，一个是金融大鳄，甚至几乎一手导演了亚洲金融风暴；另一个则是世界级别的超级大富豪，堪称"股神"。很多人都曾比较过这两个人，而且都进行过一番假想：如果这两个人相互竞争，那么到底谁更加厉害呢？这个话题争论了很久，毕竟索罗斯的操作能力更强，而巴菲特的长远战略目光更加准确。

有家美国投资公司曾经反其道而行，不让两个人竞争，而是尽量促成两个人合作。试想一下，当今世界上较成功的两个投资大师合作，将会发生什么事情呢？可是这样的合作仅仅停留在了设想阶段，因为这两个人根本没有在一起合作的可能。

据说，巴菲特曾经在私底下对索罗斯表达过不满，他认为索罗斯这样的人太看重金钱，缺乏人情味，更重要的是，索罗斯是一个投机者，为人精明，喜欢算计别人，包括自己的对手和朋友，这一点是巴菲特所不齿的。很显然，对巴菲特而言，索罗斯作为一个"精明"的商人，很可能会在合作中对自己不利。

正因为这样，巴菲特直接否定了与索罗斯合作的可能性，而他也不想和对方交朋友。不仅仅是巴菲特有这样的想法，很多著名的投资人都不想和索罗斯成为合作伙伴，就是因为忌惮索罗斯太过精明，防止对方算计和伤害自己。

朋友之间应该相互坦诚，应该讲诚信，不能相互欺骗，更不能彼此算计，那些锱铢必较的行为只会让友情打折，让彼此之间的关系变得索然无味。

【鉴招拆招】

"精明"人是有本事、有头脑的人。和"精明"人共事，你不但要学习他们思考问题及做事的方法，还要防范可能的风险——在现实世界中，永远都是"精明"人玩弄老实人于股掌之间，小到从其身上捞点好处，大到打着友情的幌子进行连环算计，可谓花样百出，让人防不胜防。

不知道并不可怕和有害，任何人都不可能什么都知道，可怕的和有害的是不知道而假装知道。

——列夫·托尔斯泰

适度摆一点谱

有个外国人，在中国待了十多年，中国话说得呱呱叫。有一天，有位中国朋友去他家做客，被他留下来吃饭。

主人问："要不要喝点酒？"

中国朋友说："不喝不喝。"

外国朋友说："不喝就算了，那我只好一个人喝了。"

坐下来吃饭时，中国朋友只吃饭菜，外国朋友一杯接一杯……喝着喝着，中国朋友憋不住了，说："你别光顾着一个人喝呀，我陪你喝几杯吧。"

外国朋友不解："你刚才明明说过不喝的呀。"

中国朋友急了："你看你这个人怎么这么实在，给你根棒槌你就当针。我那不是跟你客气几句嘛！你再劝我两句我不就喝了。"

外国朋友心里很委屈：你不说清楚，还假客气，再说你回去还要开车，我怎么知道你是不是在装。

外国朋友就这样得罪了中国朋友，落下个"小气鬼"的名声。后来，他逢人便解释：你们中国人，怎么说话那么假！明明要这样，你这样做，他又不干。

是这个中国朋友做人太假，还是外国朋友太实在？都不是。中国朋友可能觉得，你一让我就喝，显得太贪杯，你总要让我三五回，我再喝，于情于理，我喝得面子上也好看。外国朋友会觉得，我是真心请你喝酒，你执意不喝，朋友一场，我也不必死乞白赖地求你喝。

如果外国朋友懂得中国人酒桌上的格局，那他势必要再让一让，如此，朋友不喝，要么是真不能喝，要么就是在摆谱。如果中国朋友懂外国朋友喝酒的意思，那么在他让的时候，想喝就要端杯，不喝事后也别磨叽，以免惹人烦。

虽然这只是一个喝酒的例子，却潜藏着处世的大学问。试想，一帮人整天围着你转，免不了这个恭维，那个溜须拍马，你要不要自鸣得意？不可！因为你不知哪些是真，哪些是假，更何况多数情况下，他们只是出于某种目的而不得不向你表示亲近，说不定心里还在骂娘。这就是人心的险恶之处。再者，别人高看你一眼，就不知所以然，也有失身份。该摆的谱要摆，如批评下属或员工时，你不可嬉笑怒骂，说话要有点水平；不该摆谱的时候，架子也要收敛一点。有人创业赚了一些钱，见到老朋友，架子就出来了，让人感受不到昔日同窗的情分，而且事后嫌弃对方这啊那啊。对方没摆谱，是尊重你，是念旧情；你摆着谱，端着架子对待老朋友，人家未必不会疏远你。

不过，在生意场合，不会适当摆谱的人很难成气候，因为凡是成功者，多多少少都会因人因事而摆一点谱，以表示自己在某种特定情形下的态度。但是有了摆谱的资本后，摆着又不懂放下来的人，只会给人增添笑柄。人际交往，真假都要有度。对待一些人，该摆谱时，要摆得自然，让人觉得舒服的同时，也能感受到你强大的隐形力量；不该摆谱时，要坦诚相见，真我一点。

【鉴招拆招】

装糊涂人，做聪明事，是一种做人的高深境界。在适当时候装糊涂可以使别人认为你厚道老实，可以使自己落得清静，殊不知这就是大智若愚的精明表现。

人不可以无耻，无耻之耻，无耻矣。

——孟子

面对别人的轻视

有个成语叫恼羞成怒，被人无情羞辱，只要是有自尊心的人都会愤怒，但问题是，愤怒过后你会做什么。你是马上报复，以牙还牙，还是暗自争气，来日让羞辱你的人无地自容，对你刮目相看？你要永远记住一点：翻脸不如翻身，生气不如争气。

每个人的一生中，都会面对"宠"和"辱"。虽然自古以来就有"宠辱不惊"的说法，但"宠"毕竟能让人高兴，而"辱"却让人不大舒服，甚至让人怀恨在心，伺机报复。

在对待"辱"这一关乎自己尊严和脸面的问题时，人和人的表现是不一样的，有人可以神情自若，泰然处之；有人却咽不下恶气，甚至以命相搏的也不在少数。

采取极端的手段报复固然可以解一时之气，结局却承担不起，这是莽汉之举，绝非大丈夫所为。

在被人羞辱的名人当中，汉朝名将韩信可能是较具雅量的。据《史记·淮阴侯列传》记载，韩信年轻的时候整天游手好闲，拿着一把家传的宝剑到处闲逛，穷到被洗衣服的婆婆施舍的地步。一天，韩信在大街上碰到一伙儿纨绔子弟，他们逮着他便寻起了开心。其中一个恶少说道："你要么拿着宝剑把我杀了，要么从我的裤裆下钻过去。"韩信没有说什么，当着众多看热闹人的面，从恶少的裆下钻了过去。在旁观人的哈哈大笑中，韩信消失在了众人的视野当中。

　　二话没说就从别人的胯下钻过去，这种奇耻大辱又有几个人能承受？但在当时的情况下，韩信要么抽出宝剑杀人而被官府捉拿或者被恶少群殴，要么接受别人的这一羞辱。如果韩信选择了前者，那么历史上可能就没有"韩信点兵，多多益善"的传奇名将了。

　　韩信禁受住了这一关乎自己前途的严峻考验，并且为他后来建功立业奠定了思想基础，也正应了那句至理名言："大丈夫能屈能伸。"

　　人世多磨难，有志之士绝不会在困厄羞辱中忧心忡忡、动摇信心。他们深深懂得环境愈艰苦，条件愈恶劣，愈能磨炼人的忍耐力，造就战胜困难的强者。正如孟子所说："天将降大任于斯人也，必先苦其心志，劳其筋骨，饿其体肤，空乏其身，行拂乱其所为，所以动心忍性，增益其所不能。"

　　我们都知道汉代伟大的历史学家司马迁忍辱发愤的动人事迹，司马迁因触怒汉武帝，受宫刑下狱，这对一个男人来说简直比死还难受。司马迁几次想死，但三思之后，想到那些在逆境中成就伟业的先贤圣哲，他决心忍辱发愤，经过十八年的艰苦奋斗，终于完成了划时代的巨著——《史记》。

　　由此可见，受辱之时不改其志，才有东山再起的机会，并最终造就属于自己的辉煌。

　　知耻近乎勇，把所受的耻辱变为鞭策自己前进的动力。韩信、司马迁都是能知耻而后勇的典型。

【鉴招拆招】

　　在面对别人的羞辱时，请千万记住这句话：翻脸不如翻身，生气不如争气。受辱，先要知耻，知耻方能雪耻。不要像莽汉一样去相互伤害，那绝不是明智之举，只会让你陷入对方的圈套。

第七章
多听少说

想把话明说白，先得听懂别人说什么。中国人说话很有讲究，通常点到为止，或者只说半句话，让双方在面子上都留有余地。这时，你不要太实诚，要多转动大脑，听明白别人的话中话，悟透其中的套路。否则，轻则容易闹误会，给双方带来尴尬，重则会落入圈套，招来不必要的麻烦。

乱之所生也，则言语以为阶，君不密则失臣，臣不密则失身，几事不密则害成。是以君子慎密而不出也。

——孔子

三年学说话，一生学闭嘴

人们在交往和沟通中，经常会出现别人说了一句非常随意的话，却引起听话人很大心理反应的情况，也就是信息发出者的心理比较平静。但传出的信息被对方接收后，引起对方心理失衡，从而导致态度行为的变化。这种说者无意、听者有心的心理效应现象，像大自然中的瀑布一样，上面平平静静，下面却浪花飞溅。

这种现象可能导致别人在不经意间得罪你，你也有可能在不经意间得罪别人。生活中这样的例子很多。例如，周围的同事穿了件新衣服，别人都称赞漂亮、好看之类的话，唯独有人说："你太胖了，这件衣服并不适合你。"

这话一出口，说的人觉得仅仅是发表个人看法，但是会让当事人很生气，而且周围大赞衣服非常漂亮、合适的人也会很尴尬。简简单单的一句话，引起了所有人内心的不满。最终，不注意说话尺度的人，会被排除在集体之外。

瀑布心理效应的确能给人们带来很大的警醒，还有一种严重的情况，如果一个人思想松懈，说话随便，说了不该说的话，有意或无意地造成公司资料的泄密，那么轻者会使上司的工作处于被动，带来不必要的摩擦；重者会给企业造成极大的危害，产生不可挽回的后果。

人多的地方，常会有闲言碎语。说话一不小心就会成为惹祸的源头，所以不要在同事面前评论领导。并不是说领导没有错，只是他的错误不能由你来批评。除此还要特别注意的是和领导之间的对话，和领导说话，要非常谨慎，无论本意是好是坏，领导都不会去分析你的本意，他们只会从你的语言中捕捉你的内心。

杨云年轻干练，进入企业不到两年，便成为主力干将，是部门里最有希望晋升的员工。领导方经理也非常看重他。

有一天，方经理把杨云叫了过去："杨云，你来公司也快两年了，这两年里我也带你做了不少的项目推广，现在公司要开展一个新项目，就在河北，我没有时间安排了，这样，我全权交给你负责吧！"

听到领导的安排，杨云欢欣鼓舞。公司在北京，他决定好好组织一次，带大家一起去河北做项目推广。杨云考虑到一行好几个人，坐公交车不方便，人也受累，会影响同事们的精神状态，打车吧一辆坐不下，两辆的费用又太高，还是包一辆车好，经济又实惠。

而杨云却没有直接去办理，职场的经验和敏锐的观察力让他懂得，遇事向上级汇报是必要的。于是，杨云来到经理办公室，向方经理汇报自己的安排，他说："方经理，我们今天要出去，这是我做的工作计划，您看看。"杨云把几种方案的利弊分析了一番，方经理频频点头，表示同意，接着杨云说："我决定包一辆车去！"

说完，杨云发现方经理脸上的表情瞬间发生了变化，他突然开始很严肃地说："包车的费用还是比较高的，我看你们还是买票坐长途车去吧！"杨云愣住了，他万万没想到一个如此合情合理的建议竟然被方经理拒绝了。

杨云大感不解，因为方经理从来没有在这样的小事上和员工计较过，况且对于推广这样重大的事情来说，区区包车费更是九牛一毛。思前想后，杨云终于知道问题出在哪里了，就在那一句"我决定包一辆车"自作主张的话上。

在领导面前，说"我决定"是较容易令领导反感的。领导才是最高决策者，无论事情的大小都有必要听取他的建议，即使有的事情只是一些零星的小事。

杨云注意到，方经理对他说话的时候，也是非常注意用语的，通常是用鼓励的口气亲切地说话，这一点也很值得他学习。从此，杨云从态度上端正了自己，后来在工作中，他请示方经理的时候，更加谦虚谨慎，当方经理问他意见时，他也会很谦虚地说："这个问题，我有个不完善的意见，是……您看可以吗？"

两个月后，方经理很放心地交给杨云一个部门，因为他相信这个年轻人谨慎细心，可以独当一面了！

身在职场，不可能不说话，一个冷漠、沉默寡言的人虽让人感觉枯燥无趣，一个口无遮拦的人却让人感到害怕。话不能不说，但说话时要给自己的嘴上安个"哨兵"。尤其是当身边有人想怂恿你，或想引诱你谈某些话题，或谈论关于某人某事时，一定要小心，这是一种常见的给人下套的方式。好多人心直口快，别人一提，自己就顺着来了，结果发现中招了，说出的话如泼出去的水，想收也收不回来了。

【鉴招拆招】

与身边人讲话一定要小心，什么话该说，什么话不该说，做到心中有数。尤其是不能情绪化，乱点鸳鸯似的评论这个，评论那个。看情况不对，要学会装傻，让别人无机可乘，以免招来麻烦，或落入别人的圈套。

说话不考虑，等于射击不瞄准。

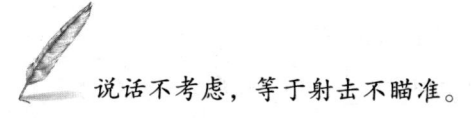

——塞万提斯·萨维得拉

听懂套话

言为心声，一个人说什么不重要，他要表达什么才是重要的。这就要考验你"听话"的能力了。平时，我们较常见的一种人就是，对方有话不明说，而是通过委婉的表述，从你口中套取某些消息。

对于很多交际能力出色的人来说，套取别人的话并不是一件难事，尤其是那些谈判专家，为了获得有效信息，他们往往会想方设法给对方下套，从而准确地知道自己想要的信息。

不过在一般场合下，这种套别人话的做法往往不礼貌，易招致别人的反感。几乎所有的人都不喜欢被人套话，毕竟每个人都有自己的秘密，都有自己不想公开的事情。既然他们不想让别人知道，那么其他人如果没有什么特别的目的，又为什么非要去弄个清楚呢？这种做法通常会让人心存戒备，尤其是朋友之间，这种人很不可靠。

而我们在面对这些有目的性地套别人话的人时，一定要保持高度的警惕，一定要少说话、少接触，因为这样的人多半都图谋不轨，他们要么是喜欢打听别人的隐私，并且以此为乐，要么是想要从你身上窃取一些消息。

按道理说，朋友之间不应该隐藏什么，也没有必要去打听什么，如果你不想说，那么多半是很私密、很重要的事情，你不想让大家知道。如果你的朋友理解你，就不会想办法探口风了；反之，就是一种不信任、不尊重，这样的朋友自然也不值得信任，不值得交往。

在唐朝武则天执政时期，出现了很多酷吏，这些人虽然权力不大，但行事非常残忍，而且由于他们大都专管刑罚招供之事，所以能够决定犯人的生死。当时有一个人叫周兴，此人工于心计，而且心狠手辣。有些朝中大臣对他颇有异议，认为这个狱官常常以私刑强迫犯人认罪，根本于法不容，于是联名上书请求武则天严惩他。

武则天对这些酷吏早有耳闻，于是就派周兴的朋友来俊臣审理此案。当来俊臣带着武则天的密旨来到周府时，周兴还在喝酒，于是他便邀请来俊臣一同喝上几杯。来俊臣原本想要宣读圣旨，不过看到周兴有如此"雅兴"，于是决定借机套出周兴的话，这样也好给他定罪。于是来俊臣笑着问："最近关了一批犯人，大多不肯老实招供，您看该怎么办？"

周兴是个中老手，于是捻着胡须，直接回答说："这还不容易！我最近就想出了一个新办法，拿一个大瓮，把它放在炭火上烤热。谁不肯招认，就把他放在大瓮里烤，还怕他不招？"来俊臣听了连连称赞："好办法，好办法。"与此同时，他让人搬来一个大瓮和一盆炭火放到大厅正中央，然后在瓮底架起火炉进行炙烤，一炷香之后，整个大厅都热气腾腾的。

周兴正觉得奇怪，只见来俊臣站起来，疾言厉色地说："有人告发周兄谋反，皇上让我审问你。你如果不老实招供，只好请君入瓮了。"周兴还以为对方在开玩笑，结结巴巴地说："老弟，我们还是喝酒……别……别开玩笑了！"来俊臣冷笑了一声，从袖中取出圣旨，大声呵斥道："老兄，别执迷不悟了，有圣旨在此，岂能笑谈？"

周兴这时候才意识到自己大祸临头，顿时如遭五雷轰顶，哆哆嗦嗦就跪了下来，而且很快就认了罪。来俊臣于是让人绑了周兴。这个时候周兴后悔莫及，如不是自己一时轻信朋友，说出了那样的话，自己也不至于被人逼迫到这份上。虽然按法律，周兴应当被判处死刑，但是武则天念及旧情宽宥了他，改判流放，但周兴最后还是在半路上被仇家杀死。

周兴死后，很多同党都认为来俊臣这个人太过阴险，竟用如此卑劣的手段来套话。其实谁都知道来俊臣原本也是一个酷吏，而且还是周兴最要好的朋友之一。他在审讯犯人的时候也是心狠手辣，这一点和周兴相比有过之而无不及，可以说被他屈打成招的人不在少数，而死在他手下的人更是不胜枚举。所以这些人都对来俊臣恨之入骨，而朝中大臣也总是疏远这样的小人。后来来俊臣和太平公主起了冲突，结果大家联合太平公主一起对付来俊臣，并且将其满门抄斩。

在平时的生活中，要远离那些说话闪烁其词，喜欢从别人口中套话的人。这样的人有话不好好说，总是遮遮掩掩，为的就是给你一些提示，引诱你把某些话说出来。而常见的一种套话方式就是秘密的相互交换，即对方在诱导你说出他想要知道的某些隐秘消息时，先说出自己的隐私，这时你就容易放松戒备了。

常言道："祸从口出。"即使再信任的朋友，说话时也要管好自己的嘴，尤其当你发现朋友在交谈时有套话的意图时，更要做好防范，能绕开的要绕，绕不开的要答非所问，或者装聋作哑，保持沉默，这样他就会无功而返。同时，你的做法也申明了自己的立场和态度：你对这些敏感的问题不感兴趣，甚至有些生气。这样往往可以让对方知难而退，暂时收敛自己的行为。

【鉴招拆招】

世故之人大都擅长话里有话，一语双关，他们无需多言，即让你心里明白是怎么一回事。甚至有时他们会含沙射影、指桑骂槐，用话中之刺让你不自在。这时你悟性要高，要弄明白他的真实意图。

那些把嫉妒和邪恶作为营养的人，见了最好的人也敢去咬一口。

——威廉·莎士比亚

爱泼凉水者

朋友之间为什么容易产生嫉妒、攀比？一个重要原因，就是大家层次、境遇差不多，说白了，就是在一个水平线上，同时，又比较了解。如此，表面上你好我好大家好，实则暗暗较劲：你凭什么比我强？"熟人眼中无英雄"说的大概就是这个道理吧。

人与人之间一旦拉开了层次，没有了可比性，相互之间的嫉妒、攀比就会减少。所以，当你取得一点成绩，为你高兴的可能是朋友，嫉妒、羡慕你的还是朋友。有时为了表达自己的嫉妒之情，委婉地给你泼凉水的，往往就是离你近的人。

举个例子，就是不管你做什么，都有人持反对意见，投反对票，看上去就像是和你有仇一样。有时候这些人表面上看起来很关心你，当你作出某个选择的时候，他们会郑重地告诉你这样的选择可能会带来严重的后果；当你作出某个决定的时候，他们会站出来提醒你这个决定会造成多大的麻烦；当你兴致勃勃地想要做某件事时，他们觉得你只会把事情做得更糟；当你努力去做好某件事时，他们又会说你无论怎么努力都是徒劳无功。这些朋友擅长的事情就是泼你冷水，想尽一切办法来否定你的思维和行为，目的就是让你一事无成、原地踏步。

朋友批评你，并提出一些反对意见，固然是好事，不过对于那些一味反对和否定自己，一味让自己打消念头的人，我们还是要懂得了解他们的动机，懂得坚持自我，不能轻易受到影响，因为成功的道路上向来就是孤独的。

阿里巴巴的创始人马云在最初创业的时候几乎是一穷二白，资金短缺，人才匮乏，他有的只是一腔热血。因此，当他提出要创立电子商务平台的时候，很多人都觉得是天方夜谭，要知道成立一个电子商务公司至少也得几百万元，而马云大概连一个零头也拿不出来。此外，当时的电子商务平台大都被国外的电子商务巨头垄断，这些公司几乎占领了所有的业务，马云的小公司和它们竞争只能是死路一条。

正因为这样，所以当时几乎没有朋友赞成他这么做。马云也陷入迷茫中，他了解互联网的形势，知道困难很大，可是他仍然希望朋友们可以支持自己，可以站在他这一边。他觉得当时是成立电子商务平台的好时机，而且发展前景非常光明。那一段时间，经常有朋友前来游说，有的人认为马云过去能够获得成功，是因为刚刚把握了互联网的皮毛，而且公司规模小，所以风险也小，而现在想要成立电子商务公司，毫无疑问会成为别人的炮灰。还有一些朋友认为马云是太想创业，以至于冲动行事，他们都认为这样的公司没有竞争力，也没有发展潜力，他们觉得马云在几年之内就会尝到苦头。

面对朋友泼来的冷水，马云还是咬牙坚持作出了自己的决定，他告诉自己，如果总是有人否定自己，毫无疑问会让自己分心分神，而较好的方法就是置之不理。而且他觉得自己当初在创办《中国黄页》的时候，24个朋友中，有23个人明确反对自己，可他还是将《中国黄页》办了起来，因此，这一次他依然相信自己。后来他干脆躲着朋友创立了阿里巴巴，最后证明马云的决定是正确的，因为正是阿里巴巴改变了他的命运。

  时代成就了马云。马云算是幸运的，他没有被那些泼冷水的人吓倒，而多数人可能就是因为朋友的反对和否定以至于半途而废，错失了成功的机会。其实每个人都有获得他人认可的愿望，都有收获他人赞美和肯定的需求，尤其是身边人的认同，比如父母对孩子的肯定，老师对学生的表扬，朋友之间的相互鼓励和肯定。这些来自身边人的肯定，往往会增加我们的自信心，也会成为我们继续成长的动力。如果有人总是给你泼冷水，总是打击你的自信心，那么你的信心和勇气肯定会受到影响，在奋斗的时候也容易出现犹豫不决的状况。而对于这些泼冷水的人，只能说他们不了解你的心意，至少从友情的角度来说，这不是一个好朋友应该做的事情，也不是一个好朋友应该有的态度。

  如果有朋友习惯性地泼冷水，那么你需要和对方适当保持距离，需要学会忽略这些人的"忠告"。在生活的道路上，你需要听从朋友的劝告，但是也要保持个体的独立性，要善于把握自己的人生方向，只要自己觉得可以走下去，只要自己觉得正确，就不妨尝试一下，暂时忽略那些来自朋友的悲观意见和建议，这样你才有机会将事情做好。

【鉴招拆招】

  走自己的路，让别人去说。与有嫉妒心的人相处时，不要特意针锋相对，因嫉妒心理本身就是多疑的、爱猜忌的。与其费尽心思去琢磨，不如无为而治——别太在意对方的存在，以达到见怪不怪、其怪自败的效果。

虚伪的人啊，请收起你那敷衍的话语，因为掩盖不住你的厌恶。

——佚名

口是心非

每个人身边或许都有几个这样的人，他们说的比唱的好听：明明亲口答应了你的请求，到最后却什么也没为你做；总是当面把话说得漂亮，私下在别人面前却说你的不是。许多时候，不是你做错了什么，而是你交错了朋友。

一般来说，如果一个人心里所想的和嘴上所承诺的不一样，那就证明这个人的态度有问题，至少对方是一个虚伪的人，是一个对朋友无法坦诚相对的人。这些人嘴上说的是一套；现实的行动中却又做着另外一套；心里明明是这么想的，可是嘴上却那样说，心口不一。试问这样的人怎么可能值得信任呢？这样的人又如何能真心相待呢？如果我们遇到类似的事情，就应该作出自己的决断，也应该及时和朋友划清界限。

1812年，德国文艺界的巨人贝多芬和歌德在风景如画的波希米浴场帕烈兹相遇，贝多芬很早以前就非常崇拜歌德，他曾经赞美说："歌德的诗使我幸福。"因此，当他看到歌德之后，内心非常激动，他希望自己能够从这位伟大诗人的智慧中获得更多的力量和灵感，而且他对歌德的反叛精神非常佩服，认为这是歌德先生留给世人的一笔宝贵财富。而歌德显然也知道贝多芬的大名，非常乐于和贝多芬探讨艺术，和贝多芬交朋友。

这本该是一次非常美好的相遇，却因一件小事而毁掉了。贝多芬和歌德很快就热烈交谈起来，两个人像是认识多年的老友一样，可就在这个时候，皇后、太子及侍臣从这里经过。贝多芬历来非常厌恶皇室和贵族的人，总是表现出一种敌对的态度。因此当皇后及太子非常热切地向他打招呼时，他故意仰着头，装作没有看见的样子。

歌德却不同，他历来和皇室成员有很深的交集，而且他身上也具备那种贵族气质，所以当对方向自己打招呼时，歌德受宠若惊，立即抖了抖身上的灰尘，整理了一下自己的衣领，然后脱下帽子拿在手中，并立刻迎了上去，向皇后和太子鞠躬行礼。而这一切都被贝多芬看在眼里，看到歌德在这些人面前卑躬屈膝，诗人昔日那种伟大形象在贝多芬心中顿时土崩瓦解。

当皇室成员浩浩荡荡地离开时，贝多芬几乎是带着轻蔑的口吻及吵架的口气对歌德说："你不是我理想中《葛兹》《浮士德》的作者，你是一个可笑的庸人。"歌德非常惊讶地听完这些话，连耳根都通红了，贝多芬却愤然离去。此后，两个人再也没有见过面。

朋友之间交往，重要的就是真诚，不相互欺骗，更不能抱着敷衍的态度，这才是忠于友情、忠于朋友的一种交际方式。而真诚重要的表现就是心口如一，如果心里想的和嘴上说的不一样，说一套做一套，那么你最终多半会受到伤害。

对于口是心非的朋友，我们要懂得和他们保持距离，不能太过亲密，更不能轻易信任他们。当然首先你得分辨谁才是那个口是心非的人，你需要找出这个潜在的隐患，需要积极进行防备，以免被对方当猴耍。

一般来说，口是心非的人都会表现出三种行为特征。

一是面对不同的人说不同的话。这种人从来没有将你真正放在心上，更多时候只是为了敷衍你，所以无论对谁，他都会有一套非常得体的说辞。

二是喜欢积极许诺，却从未兑现诺言。对这样的人来说，许诺是再正常不过的事情了，无论怎样，在朋友面前表现出愿意赴汤蹈火的架势，这样总会赢得更多的信任和好感。

三是不会轻易拒绝你，但总是找借口往后推。口是心非的人通常都不会拒绝他人，表面上会千方百计地迎合你的想法，会满足你的要求，可私底下却总是保持必要的弹性，一旦你上门催促，他就会找各种各样的理由搪塞过去。

所以，口是心非的人永远都在给你画饼充饥，你得到的都是美好的承诺，但最终也仅限于承诺而已。今天他表面上答应帮助你，可是完全没有将这件事放在心上。

【鉴招拆招】

虚伪的人总要拉一帮比他还要虚伪的人一起，把那些人也培养成和他们一样虚伪的人。刚开始围着你转时，他们或许会表现出一些积极的态度，但这些都是假象。对此，你要保持清醒的头脑。

当你仅仅获得一点点成就，而别人却将你奉若神明时，那么这个人多半会毁了你。

——佚名

刻意奉承的朋友

作家海明威曾说："我是让朋友来挑出毛病并纠正我的错误的，而不是让他们来拍我的马屁的。"如果有朋友总是对你溜须拍马，说一些动听的话，那么你就要保持理性的姿态，并且要及时和对方保持距离，防止被那些甜言蜜语所迷惑。

有个美国州长觉得很苦恼，因为他发现自己的身边有人暗中做手脚，常常在背地里给他找麻烦。他认为身边肯定有人想要让他过得不痛快，甚至想陷害他。为此，他找到马克·吐温诉苦，并说出了自己的疑惑和苦闷。马克·吐温听完之后，笑了笑说："这还不简单吗？想要知道谁才是对自己威胁较大的人，只要在参加晚宴的时候看一看谁对你大献殷勤，看一看谁对你说了更多的奉承话就行了。"

在这里，马克·吐温一语道出了人际交往中的一些玄机，在日常生活当中也是如此。凡是那些不怀好意或者有所图谋的人，往往会巴结你，会拍你马屁，为的就是从你身上捞好处。还有一个很重要的原因就是，他们希望通过奉承来捧高你，让你飘飘然，让你骄傲自满，让你放松警惕，而当一个人被捧得越高时，往往摔得越重。

在竞争环境中，为了提高自己的竞争优势，很多人常常会试着抬高自己，打击和贬低别人，主动制造一种差距，来增强自信心，同时削弱别人的竞争优势，让对方知难而退。比如说我们会到处宣扬对手的无能以及对手的弱小，以此来占据心理优势。

当然，也有人反其道而行，他们常常会保持低调和谦卑的姿态，并且努力去奉承和巴结对方，尽量想办法抬高对方的地位和形象。而他们之所以选择这样做，是因为一方面可以通过这种示好来使对方放松警惕，从而方便自己发动攻击；另一方面则是通过示弱来激起对方的虚荣心，而一旦对方失去警觉，他们就会立即出手一举击垮对手。

李先生是深圳某贸易公司的老员工，他工作能力出众，而且忠心耿耿，因此被总经理提拔为部门主管。刚进公司不久的曹骏是博士学历，专业知识非常扎实，在平时的工作中，能力和态度也非常突出，因此深得总经理的欣赏，所以他也很快就被提拔到部门主管的位置上。

曹骏虽然能力出众，是年轻员工中的佼佼者，总经理也有意培养他，可他毕竟年轻，社会阅历不足，免不了会犯错。因此他一直想向李先生求教。李先生对这位年轻同事非常赞赏，常常当面夸奖他，甚至在其他同事面前也从来不吝惜自己的赞美，这让曹骏觉得很有面子，也很感动。

可实际上呢，李先生一直将年轻、有想法、有能力的曹骏当成对手和敌人，因为他知道公司缺一个副经理，而从目前公司的员工来看，只有他和曹骏两个人符合标准，可是自己年纪大了，而曹骏还年轻，发展的潜力很大。他隐约意识到总经理有意让曹骏担任副经理，如果不是这样的话，那么为什么总经理一直没有将自己提拔上去呢？很显然，总经理是为了多培养一下曹骏，等曹骏变得更加老练沉稳了，时机成熟了，再进行提拔。

李先生心里很不平衡，他想击败曹骏这个强劲对手。某一次，总经理希望公司能够拓展北方的业务，于是好不容易联系上了一位大客户，不过双方并没有就合作达成任何协议，相关的事宜还需要谈判。

一开始总经理也拿不定主意，到底是该把这个任务交给李先生还是曹骏，可是老谋深算的李先生早就了解到了总经理的想法，于是当面找到曹骏，让他主动请缨去参加谈判。李先生赞美曹骏精明能干、为人处世很有胆识，而且学识渊博，口才也非常好，是这次谈判的最佳人选。听了对方的夸奖后，曹骏跑到总经理办公室里毛遂自荐，并且立下了军令状。看到曹骏信心满满的样子，总经理也非常高兴。

其实李先生早就预料到这次谈判很难成功，况且曹骏性格冲动，又没有多少谈判的经验，自然不大可能有所收获。之后，李先生跑到总经理面前说曹骏的好，还说曹骏曾当着众人的面许下诺言，一定要拿下这次任务。

果然，曹骏没有取得预期结果，还和客户闹翻了。虽然总经理没有因为这件事责怪曹骏，但他开始觉得曹骏为人太自负、太冲动，不适合担当重任。几个月后，总经理决定提拔李先生当副经理。

在职场中，相较于其他明枪暗箭，糖衣炮弹往往是最危险的武器，尤其是来自别人的奉承话。尽管这些话听起来句句中听，却句句伤人，背后往往暗藏杀机，你稍不注意就可能会因此而招来麻烦。对于朋友来说也是一样，有时候朋友之间相互夸奖几句很正常，可是如果朋友动不动就奉承你，而且奉承的话明显偏离了事实，那么你要小心这个朋友也许并非出于好心。

【鉴招拆招】

长辈奉承你，就谦虚接受一笑而过；同辈、好友互相奉承一下，都开心；平日关系一般的人突然奉承你，不是想不花"感情"靠得你紧紧的，就是要把你捧到高处等你往下摔，这时，笑笑别当回事。

当一个人有了自己的目标之后，他会有70%的可能性获得成功。但是当别人不断给你提供建议和意见，不断在耳边干扰你的想法时，你成功的可能性几乎为零。

——佚名

吹耳边风的朋友

每个人都应该学会为自己做主，都应该具备独立性，要懂得自己做决定，而不要轻易受到别人的干扰，不要随随便便因为别人而改变自己的想法。毕竟道路是需要自己去走的，人生是要自己去成就的，谁也不能依靠别人，更不能受到别人的影响和干扰，哪怕是面对身边的朋友，我们也要保持自己的定力和独立性。

但是，在平时的生活中，我们又很容易受到他人的影响，尤其是身边的亲朋好友。当我们准备做什么决定的时候，朋友常常会在耳边提建议，帮助你分析情况，帮助你分清优劣，帮助你厘清各种各样的利益关系，结果往往会干扰和影响你做决定。在"耳边风"的影响下，很多人会犯迷糊，最终作出错误的选择。面对朋友的"耳边风"，正确的做法是，只要是自己认定的目标，是自己经过慎重考虑之后作出的决定，是自己一直想要去做的事情，就大胆去尝试，按照自己的意志去行事。

传媒大王默多克出身于富庶之家，父亲是澳洲联合新闻社的董事长。父亲去世后，子承父业，他继承了父亲的新闻报，并开始了自己传奇的一生。在此后的三四十年中，他从一个小报的老板成为国际报业大王，涉足广播、影视、报业等多个领域，获得了非凡的成就。

不过在创业的过程中，他也是几经波折。最初的时候他想过并购其他的一些小报纸，可很多朋友总是想办法在他耳边提一些想法和建议，让他始终难以抉择。有一次，一家濒临倒闭的报社找到默多克，希望他能够并购这家报社。正当他决定并购的时候，有朋友劝他不要购买，原因很简单，这样做只会拖累自己。结果几天之后，这家报社被其他竞争对手吞并，而对方因此实力大增。这次的失利让默多克耿耿于怀。后来默多克得知，原来自己的这位朋友和那家报社有过节，所以巴不得对方倒闭。

之后，默多克先后有过多次很好的打算和计划，可是每次朋友都在身旁嚼耳根，大家你一言我一语的，让默多克非常烦恼，最终那些计划都搁浅了。看着对手变得越来越好，他越来越迷茫，不知道自己该怎么去做。那个时候，还有朋友劝他去投资旅店，或者搞运输也行，而提出这些建议的人无不是为了自身的利益着想，都有自己的打算。

经过一段时期的迷茫，默多克明白了一切还是要靠自己的道理，只要自己拿定了主意，就不能轻易受人影响，否则这辈子什么也做不成。后来他开始了自己的计划，第一步就是扩大自己的势力，为此他努力并购那些难以经营的报社，从而在国内立足，并发展壮大起来，之后，他尽可能地打开国际市场，最终一步步走向世界。正因为坚持自己的路线和想法，默多克的生意越做越大，他也逐渐成为世界上最有实力的传媒人之一。

微软创始人比·盖茨在工作和生活中都是一个很有主见的人，他希望朋友能够给自己提供帮助，希望朋友可以指出自己的错误，但是不喜欢有人在他耳边说一些"悄悄话"，不喜欢有人轻易去改变他已经作出的决定，也不喜欢因为朋友而做一些明显违背原则的事情。正是因为这份独立性，他才能够带领微软不断走向成功。

如果按照真正的友情来说，真正的朋友也许会给你提意见和建议，但是他们不会干扰你的判断，只要是你作出的决定，只要不是出现了明显的纰漏，他们一般不会加以否决，更不会经常在你耳边说一些误导性的话，他们不会影响你想要作的决定，更不会刻意给你灌迷魂汤，让你犯下一些本可以避免的错误。

一般来说，在耳边"吹风"的朋友，通常都不敢明目张胆地向你提意见，更不敢公开、公正地谈论自己的想法，也就是说，他们所提供的建议或意见都带有一定的灰色成分，至少不见得是多么光明正大。朋友要这么做的原因有二。

一是朋友不敢承担责任和风险，所以在私底下和你说"悄悄话"，这样可以不用将自己推向前台，一旦出了什么问题，他自己可以完全置身事外。

二是朋友很可能有自己的利益取向，为了满足自身的利益，希望能够给你一些特殊的引导，所以不方便直接公开，以免暴露自己的目的。这种人非常精明，千方百计说服你，目的很可能就是要让你作出有利于他的决定，让你为他的利益服务。

所以说，喜欢给人吹耳边风的朋友，大多不是坦诚之人。与这样的朋友交往要格外小心，耳根子不能太软，在关键时刻，要有主见，不要受其干扰。否则，被人吹迷糊了，很容易犯下大错，到时哭都来不及。

【鉴招拆招】

平时，有了问题，要尽量多与优秀、志同道合、友善的人探讨，要想办法减少接触那些散发出有毒气息、心怀不轨的人。就算他们帮你解疑释惑，你也要保持七分理性。

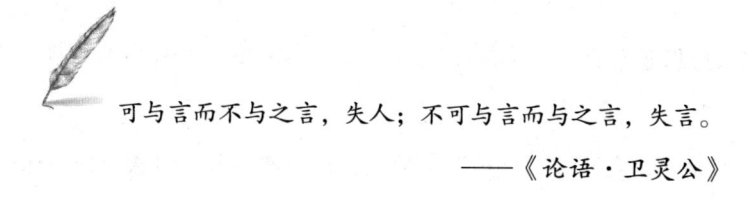

可与言而不与之言，失人；不可与言而与之言，失言。

——《论语·卫灵公》

从话题看朋友

心理学家指出，在交谈中，一个人所选择的话题是其心理的间接反映。当你与进行交谈时，关注一下对方的话题并加以适当的分析，即使对方没有直接说出自己的心境，你也可以知道对方某方面的心理信息。

和朋友一起，从对方谈论的话题可以大致识辨其对你的态度。不同的话题，映射出对方不同的心理状态，以及他对你的信任程度，与你的交往深度。

（1）以自己为话题。有的人在与他人交谈的过程中，喜欢谈论与自己有关的事情。比如自己的个性、爱好、对人对物的看法等，这样的人自我意识很强，多少有点儿虚荣心和表现欲，渴望自己能够成为他人关注的焦点。此外，他们性格比较外向也比较忠厚，感情色彩鲜明而强烈。

（2）不爱谈论自己。与那些喜欢以自己为话题的人相反，有些人对自己的相关信息严密防范，即使是一些可以公开的个人话题，他们也不愿谈及。通常来说，这种行为倾向主要是源于以下几种心理：个性内向、主观意识不强；自卑，对社交多少有些恐惧；城府很深。

（3）以他人为话题。如果对方将第三者作为和你交谈的话题，对第三者的各个方面都滔滔不绝地加以评论（当然，这个第三者必然是你和对方都很熟悉的人），那么对方多半是有某种企图。此时你应该好好地想一想，他不停地说起第三者的意图是什么？并且最好把话题岔开，千万不要随意附和他，或者加以评论，一旦你这样做了，就等于走入了对方的圈套之中。当然，不排除有的人是天生的长舌，即使这样，把话题岔开仍然是你最好的选择，否则很有可能为自己带来人际方面的纠纷。

（4）将金钱视为禁忌。这类人对金钱很敏感，而这种敏感往往是来自金钱上的自卑或者不安全感。一般来说，如果对方是个有钱人，那么他害怕别人从他的手里夺走财产；如果对方是个物质相对贫乏的人，那么如何获得金钱多半是他生命的主题。总体来说，这类人之所以对金钱避而不谈，是因为他们太看重金钱了，太现实，认为金钱至上，有物质崇拜的倾向。

（5）爱发牢骚。谈话中，说到什么都喜欢发牢骚的人大都是完美主义者。他们的自信心很强，同时，他们对人、对事也力求完美。没有达到预定目标就埋怨自己，别人做得不好，他自然不会放过。对于他们来说，世间总有那么多不尽如人意的事，牢骚自然很多。

（6）爱赞美对方。你可能碰到过在交谈中不停赞美你的人，他们赞美你的个性、爱好、品位、职业、家庭……虽然你明知道他的赞美并不那么真心，但是你仍然很受用。这类人一般比较有心计，他们在恭维你的同时，很可能在心里盘算着如何达到自己的目的，多半是有事请你帮忙。因此，你要保持清醒的头脑，千万不要被他们的赞美迷了心窍。

（7）突然转移话题。在谈话中突然转移话题，一般有两种情况。第一，对方突然将话题转移，并提出你难以接受的、非常苛刻的条件。这种情况，要么是你引起了对方的反感，对方有意刁难；要么是对方在试探你的诚意。第二，对方突然将话题岔到毫不相干的事情上，多是因为对正在谈论的话题不感兴趣，所以将其岔开。这类人往往支配欲和自我显示欲强，对他人缺乏尊重。

在与人交谈的过程中，注意把握好话题，并且加以适当的分析，会增加你对对方的了解，有益于把握交往的尺度。

【鉴招拆招】

两个人是真朋友还是假朋友，是益友还是损友，往往能从双方的调侃或是玩笑中看出端倪。损友往往话里藏话，带着浓重的主观色彩，褒你也是贬你；益友往往比较坦诚，即使是在贬你，也是在褒你，至少不是损你。

08
第八章
别为哥们儿撑面子
也别抹不开面子

朋友和面子哪个重要？都重要！为了面子失去了朋友，或为了朋友抹不开面子，都不可取。但是，为了朋友撑面子也要考虑自己的代价与底线。如果朋友漠视你为他付出的巨大经济代价，或是为他受的罪，那么这样的朋友不要也罢。当下，值钱的是面子，不值钱的也是面子，有些面子即使给，也要给得恰当、值当，不恰当、不值当的就不能给。

"君子之交淡如水。"因为淡,所以才能不腻,才能持久。"与朋友交,久而敬之",敬也就是保持距离,也就是防止过分的亲昵。不过"狎而敬之"是很难的。要注意的是,友谊不可透支,总要保留几分。

——梁实秋

再好的哥们儿也不能依赖

再好的朋友,也禁不起利益的考验。尤其是当下,人们赚钱的欲望越来越强烈,进而导致人性的阴暗面也逐渐渗透进朋友的交往中。有些人为了一些利益,往往拿义气当作手段,以面子为护盾,去哄骗朋友做危险甚至非法之事,这就要求我们对待朋友要保持理智,不能太讲哥们儿义气,以防上当受骗。

很多人在交友的时候,以交到铁哥们儿为荣,把哥们儿义气随时放在心头,崇尚有福同享、有难同当的精神,崇尚为哥们儿两肋插刀的气魄。认为只要是铁哥们儿,什么问题都能解决。

其实不然,你有用的时候,大家是哥们儿,你没钱、无助的时候,谁会为你分忧解愁?

有人说,铁哥们儿就像恋人,同事就像老婆,是恋人就可以有许多美好的想象在里面,隔着一层美丽的面纱,有一种雾里看花、水中望月的朦胧。而老婆就不一样了,成天在你旁边絮絮叨叨,没完没了,纵使你有再多耐心也得被暴露无遗的对方搞得毫无兴致。而跟朋友共事,无疑是把恋人变成老婆。

"君子之交淡如水。"这句话的确很有道理。假如一开始两个人之间就充满了利益的矛盾,他们很难毫无芥蒂地走到一起去的。所以铁哥们儿只能是同学、战友、从小一起和泥长大的发小。因为没有利害冲突，所以就可以肆无忌惮地说东道西，聊天喝酒，一个星期见一回面，彼此有一点牵挂，然后更多的时间里是各忙各的。

而大家一旦走到一起去了，能做什么呢？切合实际的就是赚钱，来路正的钱当然很好，但这里面有一个谁领导谁的问题。哥们儿之间还可以有一个大哥，铁哥们儿之间就难分彼此了，平时觉得意气相投，直来直去惯了，可工作就不能这样了，总得有人说话更有分量一些。但一个人一个想法，一个人一套思路，憋在心里，日久天长就会产生摩擦，产生隔阂，到最后好说好散还好，就怕弄得钱没赚到，反倒丢了朋友。

一位朋友旅游结婚，他的一个铁哥们儿正好也要出去办事，因为顺路，于是结伴而行。这不是什么有利害冲突的事，但一路走下去，双方都很失望，因为在那个过程当中，双方都不自觉地暴露了太多"淡如水"时无法发现的缺点，于是友谊便大大地打了折扣。

铁哥们儿之间共事还有一个不成文的定律，那就是如果大家的素质都很高，那么导致的结果就是窝里斗；如果大家的素质不高，甚至还有破坏力很强的人，那么铁哥们儿共事的结果就是缺点的大综合，把本来能向好的方向发展的事搞得一团糟。好比你爱财，而我很喜欢暴力，那么我们就有可能真的去做什么坏事了。即使不同流合污，如果你不想与之断绝来往，也难免得帮着对方保守一些见不得人的秘密，这是一件多么痛苦的事。

假如你非得与哥们儿共事，并且坚信不会造成任何有损于友谊的不良后果，那也可以。但你要有足够的心理准备去承受失败。

【鉴招拆招】

在生活中，凡事只有靠自己，最好的哥们儿也不能依赖。铁哥们儿更像一种信仰，在现实里是没有任何回报的，它只是存在于心里。

不上不下，是一种尴尬的状态，却是很多人的状态。按收入分，世界上的人分布成了一个橄榄形，大多数的人都被卡在橄榄大的肚子里，过着平淡的生活，羡慕着一端，同情着另一端。

——佚名

只为虚荣撑面子，比来比去活得累

一个人不可能不要面子，但又不能死要面子。死要面子的人，往往会真正丢了面子。因此，该放下时则要放得下，千万不要因为面子而伤了里子。

曹雪芹在小说《红楼梦》，曹禺在剧本《北京人》中，都以生动的笔触，真实地描写了本已败落但仍不肯放下架子的诸多世家子弟的形象。在他们看来，如果这些架子一旦全不存在，活着还有什么意思！在这里，架子实际也就是面子，可见有些人是把面子看得比生命还重要的，这就是他们的人生道理。

面子当然不能不要，一个一点面子也不要的人，恐怕自尊心也不复存在了。关键的问题是要搞清楚怎样做才算不丢面子，什么面子可以丢，什么样的面子应当保。

一句话，出于虚荣的面子应当丢，有关人格的面子需要保。过分看重面子，会使面子成为心理上的沉重包袱，这样，看似薄薄的情面，则会成为令人难堪的苦衷。

中国古籍《墨子·离娄下》中讲了这样一则故事。齐国有一位穷酸先生，娶了一个媳妇，还有一位"偏房"。这位先生祖上也许发达过，可现在不行了，然而他的面子低不下来，就是在自己的妻、妾面前也忘不了打肿脸充胖子。于是他对她们说，经常有贵客请他赴宴，而且每次回来都装成酒足饭饱的模样。其实，每天他都到东门外的一个墓地里，跑到上坟人那里去吃剩余的祭品。原来他就是这样参加宴会的！他还每天跑到一妻一妾面前扬扬自得地摆出一副不可一世的样子，丝毫不感觉惭愧。因为在他看来，这样才算有面子。其实，他的行为简直是死要面子活受罪。

在商品经济的社会中，许多人在社会巨变中渐渐失去了自我价值的判断，他们的心理变得扭曲，喜欢向身边人展示自己的钱、财、物等来满足面子和虚荣心。有些人即使债台高筑也要挥金如土，与他人比吃、比穿、比用、比收入、比轿车、比住房、比待遇、比职级……在操办红白喜事时，讲排场、摆阔气，在住房装修中，比豪华气派，在生活消费中大手大脚，借贷消费，其目的都是将他人的目光聚集在自己身上。可以说，攀比的方式很多，有直接的，有间接的，有含蓄的，有蛮横的。比来比去就是比谁的车好，谁家房子大，谁又赚了更多钱……攀比获胜的人扬扬得意，不如人的沮丧郁闷。攀比过后，比输的人郁闷不快，只想着如何想办法尽快超过他人，或者来年弄个更大的房子、更好的车再去对方面前显摆一下。

当朋友之间只剩下为了面子而进行无休止的攀比，所谓的亲情、友情或许已经不复存在了。

所以，交朋友不交爱攀比的朋友，不交虚荣心极强的朋友，这些朋友能让你有面子，也能随时撕开你的面子，而且长时间和他们在一起，其虚荣心会逐渐腐蚀你的心理，破坏你的健康情绪。

【鉴招拆招】

得到需要的，是福；贪求过多的，是累。人生的需求如同吃饭，只能吃两碗的饭量，如果贪图饭菜的香味多吃两碗，不但不能正常享受多吃的好处，相反，会因为胃承受不了而带来痛苦。所以，不要和别人攀比，要少结交爱攀比的人。

没有永恒的敌人，也没有永恒的朋友。

——温斯顿·丘吉尔

不要对哥们儿期望太高

林语堂曾说过："如果你要失去朋友，很容易，那就尝试着向你的朋友借钱或者借钱给你的朋友。"论调虽然有点悲观，但是颇有点谈利色变的况味。很多发生在我们身边的活生生的例子，无不证明林语堂老先生察世的睿智和精辟。

生意场上，在共同利益面前，大家是朋友，甚至可以结成同盟，一旦没有利益交集，关系就可能变得不那么稳固，此时决定站位的不是友情，而是利益。在利益面前，什么面子、哥们儿、友情都可能靠不住。

小温和小岳是铁哥们儿。他们两个人大学是校友，毕业后又一起进公司，不仅上班在同一处室，而且住同一宿舍，就连工作娱乐休息都在一起，有老大姐曾开玩笑："你俩以后交女朋友，干脆就找一对孪生姐妹吧。"

半月前，公司老板准备提拔一位懂金融的年轻助手。公司里只有小温和小岳学的是国际金融专业，如果消息属实，那么助手不是小温就是小岳。

但是，他们两个人对此并没有太大的兴趣，只是私下议论过，最后的结果是：无论谁上，以后都要互相帮助。一天上午，部门主管对小温说："老板征询过我的意见，问你和小岳谁最合适当助手。"

接着，主管又说："我觉得你做事比小岳踏实，就在老板面前为你说了不少好话。说实话，所有人选中，你是最有希望的。以后到了老板面前可别忘了替我美言几句。"

"一定！一定！"小温眉开眼笑，"还要多谢您的栽培。"

回去后小温想了很久，还是没有把这件事情告诉小岳。不过，小岳早就打探到了风声。晚上，他问小温："听说主管找过你，还跟你提了经理助手的事？"小温矢口否认："我和你谁跟谁啊！要是有，还不第一个告诉你。"小岳也不好再多问。

接下来，小温和小岳还像往常一样，形影不离。有一天，小温接到老板电话。老板约他到一家饭店吃饭，他有些小激动，满口答应下来。但是，之前他约了小岳一起去打台球。这可如何是好呢？

小温想了想，他给小岳打了一个电话，谎称今天身体不舒服，改天再一起玩。小岳说："那好，我自己先去玩了，你要注意休息。"小温终于松了一口气，庆幸小岳没有产生疑心。

小温匆匆赶到预约的饭店，刚上二楼，就撞见了从卫生间出来的小岳，两个人相互对视了一下，场面非常尴尬。

生意场上，很难说有永久的朋友和永久的敌人。好同事并不等于好朋友，好朋友也不等于永远的朋友。当原来的互利变成互害，在利益上有了冲突时，朋友可以变成敌人；当原来的敌对变成共荣，在利益上可以结合时，敌人则可以成为朋友。

如果不想让自己成为友谊的牺牲品，不想变友为敌，那在处理同事与朋友之间的关系时，要做得更聪明一点：再好的朋友，也不可无原则地相信。每个人都有自己的关切与利益，在一定的范围内，可以谈友谊，但是在涉及各自利益的问题上，往往更关注自己的需要。站在一个角度看是朋友，换一个角度就是对手。

【鉴招拆招】

发现对手比发现队友更容易，因为对手会在任何时间都反对你，而对友纵使在遭遇胁迫时也会支持你。但是，对手变成队友不一定可靠，而队友一旦变成对手会很危险。

和任何人走得太近都是一种灾难。人生如尺,必须有度。最好的关系是:亲疏有度,相看不厌,久处不累。

——稻盛和夫

关系有亲疏,交情有深浅

美国行为学家马克博士曾经说过:"每个人都有自己的交际范围,而且每一个人的交际距离实际上都会存在一定的限制,这些限制和感情的亲疏有很大的关系。"比方说,我们和自己的亲人或者朋友会靠得比较近,可是关系再远一些的话,这种相互之间的作用力就会减弱,彼此之间的感情也会慢慢失去存在的基础。

值得注意的是,朋友的朋友未必真的愿意把你当成朋友来对待,也未必真的会帮助你。

北宋文学家欧阳修是一个非常善于交际的人,平生的朋友有很多,彼此的关系也都很融洽,因此欧阳修在文坛和政界都可以吃得开,成为人人敬仰的人物。在欧阳修去洛阳当官的时候,朝中的一个好朋友跟他说自己有一个发小一直在洛阳为官,此人和他的关系非常亲密,自己每次去洛阳都会得到朋友的盛情款待。因此他对欧阳修说,如果有什么事情就可以去找这位朋友帮忙,人生地不熟的,有个人照应也是一件好事。

欧阳修听了是千恩万谢,他知道那些官场文化,像自己这样一个初来乍到的人,如果没有当地人指引和照应的话,往往很难真正融入地方的官场,也很难将自己的工作展开。若是有人照应,自己就可以有一个依靠,尤其是在遇到一些难以解决的问题时，至少可以求人帮忙。朋友为了帮助他，写了一封亲笔书信，让欧阳修带着书信去洛阳找这位故人。

数天之后，欧阳修去洛阳上任，然后带着书信去拜访朋友的这位故人。见面之后，对方果然客客气气地款待了他，而且告诉欧阳修说，自己在洛阳城中也算是有头有脸的人物，以后他若是有什么麻烦，只管提出来，自己一定会尽力办到。欧阳修自然是非常感激，于是拜别而去。

没过多久，欧阳修遇到了一个比较棘手的案子，他本想亲自办理，可是由于人手不够，难以成事。这时候他想到了朋友的那位故人，于是让人送去书信，并详细说明了事情的原委，希望能够得到其帮助。可是书信送出去好几天也没有回信，欧阳修实在等不住了，于是就主动登门拜访。对方解释说自己最近太忙了，根本无暇顾及，等过一段时间有空了再来帮忙。欧阳修只能快快而回，又过了几天，对方还是没有给自己回复，欧阳修彻底觉悟了，他知道洛阳城根本就没有那么多的繁杂事务，再说对方也不是掌管什么重要部门，根本就不会很忙，很显然这只是对方的托词而已。想到了这里，欧阳修只能暗自苦笑。后来他再也没有去过朋友的故人家中，和对方彻彻底底划清了界限。

严格来说，朋友的朋友并不是真正属于你的朋友，你并不了解他们，而只是认识。如果你因为有过一面之缘，有过几次喝酒聊天的经历，不经任何考验，就坚信朋友的朋友对自己也是真心实意的，本着这种态度交朋友，吃亏上当是难免的。

最近几年，以朋友为轴的发生的诈骗案越来越多，这种案件有一个明显的特点，就是当事人都有一个共同的朋友，可是当事人彼此之间并不熟悉，只是通过朋友的介绍和牵线进行合作，结果因为信息不够透明，上当受骗，成了友情连线下的牺牲品和受害者。实际上，这种存在间隔的合作方式和友情往往是不够牢靠的，因为当事人双方的感情基础非常薄弱，仅仅依靠朋友的信誉或者感情来作担保，很容易被那些不法分子钻空子。

所以我们在结交朋友的时候，要注意保持警惕，在进行交流或者合作的时候，至少要保证自己能够真正了解对方，不能因为朋友的关系，而认定朋友的朋友也适合做朋友。朋友是交往出来的，不是介绍来的，两个没有交情，甚至连感情都谈不上的人还谈什么友谊？这本身就是一件很不靠谱的事。

【鉴招拆招】

朋友的朋友也可能是朋友，但不要寄予厚望。在互联网时代，人人都是潜在的朋友，但是朋友有真假，关系有亲疏，交情有深浅。

> 因为有利可图才与你结为朋友的人,也会因为无利可图而与你绝交。
>
> ——佚名

因利益结为朋友,常因利益撕面子

依靠利益捆绑来确定的朋友关系,往往不可靠,也不能长久,发展到最后只有一种结果,就是因为利益冲突而翻脸,甚至相互攻击。这样的例子数不胜数,最常见的就是好哥们儿一起做生意,开始红红火火,后来不欢而散,而且搞得老死不相往来,似乎都是对方亏欠自己,对方对不住自己。

与其说这是利益使然,不如说是人性的弱点。依靠利益捆绑结交的朋友,这样的朋友往往缺乏默契,也难以相互理解和信任,毕竟人都有私心,在相处的过程中,大家的焦点都在利益上,而不是落在友情上。尤其是当大家产生分歧的时候,如何平衡各方的关系就成了一个大难题,毕竟每个人都有自己的打算,让某一方作出妥协和退让,这往往有些困难。在这样的情况下,表面上看起来一致对外的好朋友,实际上矛盾不断,等到某一天相互之间的不满和矛盾达到顶点的时候,往往会相互攻击。

所以,因为共同的利益而草率地成为朋友,然后草率地进行利益捆绑,那么这种朋友关系多半不会长久。在《水浒传》中,水泊梁山上的108位好汉原本都是忠肝义胆的好兄弟,而他们之所以能够站在一起,能够成为一个团队,就是因为他们每一个人心中都有不平事,这种不平最终的体现就是"替天行道"。可是随着队伍的壮大,朝廷开始招安,这个时候,许多人的私心开始慢慢膨胀:有的人想着继续当贼寇,过着逍遥自在、无拘无束的日子；有的人想要找朝廷复仇，以消除心中的不平；有的人想着当官发财，回归到建功立业的传统成功模式当中去；有的人主张置身事外，做一个与世无争的闲人。

正因为大家的想法出现了分化，每个人对自己的生活有了更多层次的思考，所以原先那种单一的利益共同体变得脆弱不堪，最终的情况就是走的走，死的死，杀的杀，留的留，一个好端端的好汉帮由此灰飞烟灭。

其实从一开始，水泊梁山就注定没有办法走远。因为这些梁山好汉都有着自身的局限性，在如何理解朋友这个问题时，更多的是凭借着"义气"，而他们最初的结盟方式也只是为了躲避官府的追捕，为了"替天行道"，消灭那些贪赃枉法、鱼肉百姓的官员。可以说，他们彼此之间的关系并不像想象中的那么融洽，这一点从选举哪一个人当梁山的首领就可以看出来，从原先的王伦，到后来的晁盖，以及选择宋江时的争议，这些都证明了这帮人人心不齐，友情没有想象中的那样牢靠，他们更多时候只是因为某种共同利益勉强被捆绑在一起。

所以我们在选择朋友或者结交朋友的时候，不能用利益捆绑的方式来交友，因为这样的朋友关系往往来得快，去得也快，毕竟每个人都有自己的利益取向，都有自己的想法，一旦有了自己的选择，或者共同利益受到了冲击，那么这种感情就会失去原有的效力和魅力，朋友之间也会很快从亲密关系变成陌路人，甚至是仇敌。此外，朋友之间更应该看重感情的交流，看重心与心的交流，过多的功利性只会损害友情的纯粹性，只会让友情变得脆弱不堪。

【鉴招拆招】

真正的朋友之间当然有利益往来，但它不是维系友情的主要方式。有句话说得很好：恋人是两个灵魂一个身体，朋友是一个灵魂两个身体。维系友情的，正是那个和你相互吸引的灵魂。

高调也好，低调也罢，要分清场合。每个人在处理事情之前，要先分析一下自己在什么时候该低调，什么时候该高调，这样才能在残酷的竞争环境里脱颖而出。

——佚名

忌过分显示自己

不管什么时候，在生意场上，都要保持低调。因为只有你低调了，才能从那些高调的人身上学到东西；只有你低调了，才能放下身段，不跟别人过多计较，做好每一件事情。纵观职场上小有成就的老江湖，其实他们都有低调的一面。

所以，不要整天宣传自己的事情，宣传自己的思想，整天以为自己是对的，全世界都是错的；整天认为自己是天下第一，别人都是世界末流。如此，是学不到什么东西的，也是没有智慧的表现，而且会引起别人的误解，陷自己于不利的境地。这方面的教训不可谓不多。

公司里有位刚刚毕业不久的年轻人，对老板、对同事都十分热情，每次见面都抢先打招呼，出去吃饭老争着付账，从不吝惜自己赞美的言辞，还经常给大家发一点小礼物，结果弄得同事都很不自在。

过了一段时间，老板把他叫去，问："你是不是对现在的位置有什么想法？"

他很郁闷，为什么我待人多一点礼貌，反而会被认为是想升职呢？

不是因为他的礼貌，而是因为他的高调。这就是过犹不及的道理。做过分了，就跟做不到位一样，甚至有时候还不如做不到位呢。何况他现在什么也不是，即使是个人物了，也要学会与人低调共事。低调不是低人一等，不是一味地忍让，也不是与世无争，而是一种超越别人的智慧，是一种以退为进的攻伐之术，是一种不争而获的谋略，更是一种自我保护。

在与人相处中，若不懂得低调，就会遭到别人的排挤、打击，甚至招致灾祸。低调做人，低调处世，才会在那些所谓的强者面前更好地存在和发展，才能更有效地保护自己。所以，说话办事，别把自己端得太高，这不仅是做人做事的基本条件，也是生存的需要。否则，就会把自己置身于危险境地，让自己处于四面楚歌的被动局面中。

谁不想成为首富，谁不想一呼百应，谁不想出人头地，谁不想位高权重，但是头不可以强出，尤其是在一个团队中，说话办事要照顾别人的感受。做人平凡一点、低调一点不为过，如果怕在众人中隐没了自己而刻意表现自己，做过头事，说过头话，很容易引起身边人的反感。如果你有些能耐还好，让别人看到你的价值，也许能赢得一片赞誉。怕就怕你身边有比你能力更强的人，这些人不显山、不露水，而你没两下子，却急匆匆跳出来要当大王。如此，别人嘴上不说，暗里也会给你找些不自在，这不是面子不面子的问题，而是关乎你的生存与发展——接下来，你会遇到跨不完的绊子、跳不完的坑。

【鉴招拆招】

枪打出头鸟，出头椽子先烂。老子说，当坚硬的牙齿脱落时，柔软的舌头还在。为什么？柔弱胜过坚硬，无为胜过有为。保持低调，才能避免树大招风，才能避免成为别人进攻的靶子。

> 有时候我们之所以活得累，往往是因为放不下面子来做人。把面子拿下来揣在衣兜里，素面朝天，你会发现原来生活真的没那么沉重。
>
> ——佚名

板起脸来交朋友

在做事的过程中，适当的无情固然会显得不近人情，易得罪人。但是，无情也是一块试金石，它能验出哪些是真正的朋友，哪些是损友或是伪朋友。如果你是公正的、客观的，不伤及他的利益，那么真正的朋友是不会因为你偶尔的无情而心怀怨言的。这就像一个无情的老板，他能让公司飞黄腾达，能给员工提供更好的待遇，自然，追随他的人就会越来越多。反之，老板再实行人性化管理，就是树立不起自己的威信，不能改善公司的效益，那也没人把他当回事儿。

工作中，该板起面孔就必须板起面孔。即使有情也要看人看事，否则，不论面对什么事、什么人，都是一副老样子，都要顾及彼此面子，那你永远也看不透身边哪些是真朋友，那些是损友。对于损友，该无情时、板起面孔时要毫不留情。

生活中，有好人，有坏人，这是事实。但"无情"的人并不是坏，做事"无情"并不是一定要伤害他人，而只是一种保护自己和做事成功的手段罢了。那么，做一个"无情"的人会有什么好处呢？

第一，处事"无情"虽然令人讨厌，却胜在有威势。一个经理或主管处事"无情",往往能让属下敬畏。一般而言,一个"无情"的主管更能令下属为其效力办事,黑口黑面虽不受下属爱戴,但能令下属不敢造次。这是做恶人的第一个好处。

第二,许多人不喜应酬,只想静静地做事,那么"无情"的形象便会产生适当的阻吓作用,将应酬减到最低限度,赚得清静。也就是说,利用"无情"的形象,可以有选择性地省去许多不必要的麻烦。

第三,老好人倾向于对人堆笑脸,以至于巴结逢迎;"恶人"板着脸做人,塑造出一个严肃、认真、令人肃然起敬的形象。板着脸不但比堆笑脸威猛,也不那么委屈自己。

从上述三点"无情"之人的好处可以看出,"无情"并不是真正的无情,而是为了让自己把事情做得更好的一种方式罢了。

【鉴招拆招】

"有情"的形象很容易装出来,而做到"无情",需要有一颗坚强的心,不仅在表面上要做到面孔板起,还要做事不徇私情。当然,"无情"不等于冷血,如果没有感情,那也是不得人心的!

当一个人最看重的东西是面子时,那他为此失去的也会很多。

——佚名

话说得太漂亮了往往有问题

生意人嘴上常常有一句口头禅,叫作"空口无凭"。在现代社会,商场如战场,其间充满着欺诈、诡计。和同事、朋友一起共事、做生意,彼此关系再好也不能掉以轻心,盲目相信他人,尤其是在涉及利益往来时,要坚持"不见兔子不撒鹰"的原则,不要相信口头担保。

如果你不注重这一点,那么一些别有用心的人可能会利用你好面子的心理,利用所谓的"哥们儿义气"来算计你,尤其是朋友之间,经常会出现这种情况。所以,要么不合作,要么合作就必须签订合同,以避免一些不必要的或没法预见到的麻烦。如果你认为对方讲信誉,双方口头约定即可,那么你很可能会受骗,尤其是第一次与人合作,口头协议令你受骗、吃亏的可能性更大。倘若对方是骗子,你多半会成为他们的猎物。即使对方诚信且初始无心坑骗你,但当他发现协议对他不利或者有别的更好的生意可做时,便可以轻而易举地否认你们之间的约定,把你这个伙伴抛弃或者反咬一口,在这方面栽跟头的例子不胜枚举。

人们常常戏谑地称不守信用的口头协定为"橡皮合同",真是说撕就撕。白纸黑字合同稳,空口无凭易吃亏。

某建筑队与当地一家水磨石场签订了一份购买两千平方米水磨石的合

同，合同中没有涉及关于质量要求的条款。待建筑队去提货时，认为水磨石质量与订合同时所提供的样品不一致，很不满意。于是，双方协议，口头上确定每平方米价格降低三元，建筑队将预订的水磨石如数提回。待结账时，水磨石场要求按合同上规定的价格算账，不承认原来两家的口头协定。建筑队有口无凭，只好自认倒霉，按合同价格付了款，白白损失了六千元。

其实，双方只有口头合同，搞君子协定，本身就没有保证。在市场经济体制下，经营者所参与的生产、流通、分配与消费等环节，是与客户的契约联结在一起的，而这种契约本身又需要完备的法律规范为保障。不合法的行为，当然就很难受法律的保护了，也就是说，口头合同、君子协定很难端到"台面"上。无数公司的事例说明，这种"口头协定"在现代市场竞争中后患无穷。

按常规，经济合同是经营者以法制胜的保证，如果经营者签的是口头协议、君子协定，那么他这个合同就相当于无效合同，当然也就不能受到法律保护。

也许有人会这样认为，大家都是朋友、哥们儿，或是合作多年的伙伴，彼此知根知底，就是碍于面子，也不至于不讲信誉吧。虽说，大丈夫一言既出，驷马难追，但是真到了翻脸不认人的时候，就是有合同，打起官司来也是颇费周折的，更何况空口无凭。再者，现在生意场上发生的合同诈骗案，大多发生在熟人、朋友之间。所以，对身边人不要盲目相信。靠君子协定搞经营、做买卖的做法已经过时了。过去，我们靠人格担保，就是和朋友借钱也不用打借条。如今，你和朋友借钱，朋友不提打借条的事，你也要主动写个借条，这不是信誉问题，而是办事的方法与态度问题。如果有朋友向你借钱，只是拍着胸脯向你保证：请相信我，一定按时还上。难免会让你产生纠结：借还是不借，借条写还是不写？即使出于面子，不得不借，你心里也会觉得不踏实，至少你会抱怨：再怎么你也得有个写借条的意识吧。

即使是好朋友，也不能总是顶着一张嘴求人办事，或是谈合作。留意一下你的身边，看是否有这样的人，平时与人打交道或是谈生意，嘴上爱说漂亮话，但就是缺少契约精神，觉得这也没必要，那也没必要，把面子当饭吃，张口闭口讲哥们儿义气。对这样的人，要公事公办，做事要讲流程与规矩，不要轻信，以免吃了哑巴亏。否则，事后对方说"你拿出证据来啊""爱哪儿告去哪儿告"，那样你真就欲哭无泪了。

【鉴招拆招】

孔子说："巧言令色，鲜矣仁。"花言巧语者，貌似和颜悦色，实则其仁爱之心很少。爱说漂亮话者抓住你的兴趣点，让你所希望听到的东西出现，不知不觉中，他变成了那个很懂你的人，你们越说越兴奋，越说越投缘。其实，爱说漂亮话的人心机太多，真诚太少。听其言而观其行，说话要漂亮，办事更要漂亮，这样才是一个值得信赖、可靠的人。

> 只要是出于同情心和面子做的事,几乎都会失败。
>
> ——佚名

属于自己的东西,要好意思拿回来

做人要学会"好意思",尤其在利益面前,不要以为你"不好意思",别人就不会算计你,以不当的方式给人面子,恰恰会让对方体面地占有原本属于你的那部分利益。这就像一个善良的人在街上行走,小偷该偷他的钱时,照样会下手。对小偷来说,钱是他最想要的,他才不管你是什么人。

每个人都有自己的利益空间,并在不断地拓展这个空间。当你的利益空间与身边人的利益空间产生交集时,你不要指望别人会像圣人一样把它拱手相让,这个时候,你不去占有,别人就会毫不客气地收入囊中,甚至会硬生生地抢了去。

如果其中有些利益是属于自己的,那么别客气,怎么失去的就要怎么拿回来。你和一个借着面子利用你的人讲面子,在逻辑上本身就是荒谬的。

芭芭拉是英国一家电视台的新闻主播。她在这家电视台干了五年多,她主持的新闻节目是当地最受欢迎的节目。五年来,她的事业并不是一帆风顺,今天的成绩也不是轻而易举得来的。

三年前,当她不得不与电视台谈判签订合同时,她遇到了一些严重的阻力。电视台经理向她暗示,与她续签合同,没让她走人,她应该感到幸运。她很清楚地听出了言下之意:"你是个姑娘,姑娘不应该咄咄逼人。"

当她要求修改合同时,电视台经理大发雷霆。而她强烈地相信自己的价值,拒不让步。每天新闻部主任都把她叫到自己的办公室,对她的工作横加指责，而且每回训斥结束时总是说："签了这个合同吧。"四个月过去了，她仍然毫不动摇。最后，电视台经理答应了芭芭拉提出来的每一项修改要求。

这个故事的意义不在于芭芭拉的谈判手法，而是她顶住了电视台领导的威胁和侮辱。与此同时，她又不得不以一个主播端庄大方的职业风度，兴致勃勃地面对摄像机镜头每夜播送新闻，她从不让谈判中滋生的那些情绪影响自己的工作。芭芭拉拥有强烈的自我价值感，为了应该获得的东西而战。

在职场上就得如此，该好意思时要能拉下脸。这也不好意思，那也不好意思，开口总要顾及对方的心理感受，那样只能委屈自己。为对方想得太多，试问，当他算计你的时候，为你着想过吗？人心换人心，我们讲情面也好，谈义气也罢，要碰到对的人才行。如果身边都是一些为利益而来的人，那就要板起脸来谈利益，是谁的就是谁的，不是你的，不要乱伸手。短期来看，这样可以避免"和稀泥"，不会把情面与利益混为一谈，从而捍卫自己的利益。长期来看，你会给身边人树立一种规则意识：不能乱来，做事讲规矩。如此，你才能吸引到志同道合的人一起做事，否则，你只能吸引来"阿猫阿狗"或是"苍蝇蚊子"，大家都想从你身上咬块肉或是吸一口血，那你就免不了伤痕累累。

【鉴招拆招】

在生意场上，当你可以放下面子赚钱的时候，说明你已经成熟了。当你用钱换回你的面子的时候，说明你已经成功了。当你用面子可以赚钱的时候，说明你已经很有社会地位了。当你还站在那儿闲扯，吹嘘所谓的面子的时候，那说明你一辈子也就这个样了。

第九章
远离负能量的损友

宁可少交友、不交友,也要远离身边负能量的人。不结交充满负能量的朋友,对自己是一种保护。交负能量的朋友,他们会把悲观消极的情绪源源不断地输送给你,或让你变成泼妇、怨妇,或让你消沉、叹息,或把你拉入无边的苦海……久而久之,你会认不清自己,辨不清方向,看不到希望,成为一个碌碌无为的人。

> 被我们称为势利鬼的人，无论以什么面目出现，都改变不了势利的本性。
>
> ——威廉·梅克比斯·萨克雷

远离巴结权贵的朋友

有些人在当今社会，常常把"钱"字挂在嘴边，他们没有本事赚钱，却总是在那里吹牛；喜欢结交权贵，总是在那里显摆，认识这个，认识那个。这样的人其实很没趣儿。这还不是最没趣儿的，至少他们还能认清自己。最没趣儿的人是认不清自己，还看不起这个，看不起那个，见了自己认为有用的人，就去拉关系。他不知道，自己没有真本事，认识谁都没有用。

A毕业后，进入一家单位做办事员。单位二十多个人，但A很少与这些人共事，他只喜欢与部门主管交往。平时，大家一起吃个饭，开个玩笑，他总是绕得远远的，主管一来，他便满脸微笑地迎上去，嘘寒问暖。好多人都看不惯，说他是"马屁精"。也有人说，这家伙年纪轻轻，处世经验就这么老道，不可小觑。所以，平时大家虽都看不起A，但也没有人敢得罪他。主管也是个好面子的人，时常被A围着转，还不断地被他美言，所以见了A常常一副乐悠悠的样子。

后来，部门评先进，却不是A。他想不通，私下问主管出了什么情况。主管只是拍着他的肩膀说："你是新人，继续努力吧。"接着，部门又要选两名职员出去学习，名单中又没有A。平时，主管安排工作，也只是让A干一些无关痛痒的事。

A这才意识到：主管从来就看不起自己，没把自己当回事儿。的确，是他自己太把自己当回事儿了。狗皮膏药似的硬往领导身上贴，这种势利的做法，无形中矮化了自己。况且他还是个新人，就表现得如此势利，主管也不傻，心里自然也有所防备。

在我们身边，其实好多所谓的友情都是这么来的，是一方出于某种目的，刻意迎奉巴结另一方，推也推不开，甩也甩不掉，就是死皮赖脸地往人家身上贴。

谁都认识几个有钱的朋友、亲戚，但人家有钱和你有关系吗？没有！如果只是因为人家有实力，就能让你屈尊地改变自己的交际方式，甚至没有下线地去攀附，不光身边的人看不起你，就连被攀附者也会轻视你。

想与有本事的人交往没有错，但要有度。想和能人平起平坐，想进入更高层次的圈子，你首先得有那个本事。自己什么也没有，靠献殷勤、作践自己去取悦他人，拉近彼此的距离，这种小丑似的做法，只会成为笑料。

生意场上，利要求，友要交，尊严也要有。理想的求利，是三者兼顾，且能达到平衡。如果你是老板，参考这条规则，放眼看看你的周围，看看那些没事爱绕着你转圈的人，你会发现这样一个现象：在场面上对你吹吹捧捧，显得彼此关系很近的人，必是想从你身上赚钱；不吹不捧，距离感较强的，一般只想挣你的工资；还有一类，你怒也罢，骂也罢，他面不改色，情商高得爆表，是离了你也活得很滋润、有一定手艺或技术的人。

厉害的人身边常见的三类人，一般情况下，他们都应有一个度，太过偏离这个度，就要多加注意——利、友、尊严之间如果太过失衡，那多半是有问题的。

【鉴招拆招】

势利的朋友，突出的特点就是，当你有用了，你不需要怎么特别对待他们，不需要花太多心思，也能和他们维持不错的关系。只要他们需要你，分分钟把你变成老朋友；反之，你没有用，他们都很少用正眼瞧你。

> 当你习惯了拒绝别人时，说明你已开始成熟；当你懂得拒绝别人时，说明你已学会保护自己。
>
> ——佚名

远离经常张口借钱的朋友

考虑别人面子的人，一般开口前，多少会为朋友着想。不考虑朋友的感受与处境，张口就借钱的人，从心底里是不重视友情与对方面子的。而且，他们还会用道德绑架对方——不帮是你的错，帮是应该的；借了不还，也会用道德绑架你——还是哥儿们吗？是哥儿就别磨叽。不管怎样，这些人总是能站在道德的制高点，怎么都是你的错。他们就是不还，还理直气壮。这种人是典型的损友。

小张是个急性子，不善于控制自己的情绪，遇到烦心事整个人就会显得萎靡不振。一次，他工作出现失误，被老总批了一顿，回到办公室，还窝着一肚子火。这时朋友打来电话，又提借钱的事，他顺口回了句："又来借，哪儿有钱啊！"

对方立马回了一句："你这话说的！咱们还是朋友吗？不就欠你几个钱吗？不至于以这种口气说话吧。以前还以为你是好人呢！"说完气呼呼地挂了电话。

小张这才反应过来，朋友在生他的气，而且怨气不小。本打算去个电话安慰一下，但转念一想，既然你都不理解我，我和你讲得再多又有什么用？

检验一段友情，需要经过层层考验。友情虽然珍贵，但也没有你想象的那样伟大，尤其是交到一个损友，一角钱也能让友谊的小船说翻就翻。

在经济往来中，谁都难免会碰到一些损友，他们的形象基本都差不多：死乞白赖地求你借钱，或求你办事，你给他个好脸色，好说好商量，他会让你各种不爽："就这么点钱都不借，你好意思吗？""你们家都有好几套房、好几辆车，又是奔驰又是宝马的，这点钱就是几顿饭的事儿，你至于吗？""人真是越有钱越抠门！"

这是什么逻辑？

人家有没有钱关你什么事？再说，人家有钱，是抢了你的，还是欠了你的？你穷你还有理了！

现在人与人之间的关系，无不以利益为重。许多时候，当有人求到头上来时，你不会说"不"，而是赔着笑脸跟他解释，他反倒会认为是你理亏。

同样的问题，可以换个角度看：人家拉下面子求你，一旦你不帮，便狠心说你无情无义，就是把你当利益"朋友"，没想过要照顾你的面子。看看那些老赖，借钱的时候，恨不得跪在你面前，而还钱的时候就变成了大爷，管你怎么催，哪怕是叫警察、上法院打官司，陪你玩就是了。之前说过什么，全当空气。这个时候，再自责当初不够狠心，就是自讨苦吃。

现实生活中，凡是能够果断拒绝别人的人，多半是阅历丰富、心智较为成熟的人。在聪明的人看来，虽然"不"字看上去是个十分强有力的字眼，甚至会让人联想到无情与冷血，但它是人际关系中的一道安全阀，是对自己的一种保护。

遇到无理的借钱要求，要能够横下心来说"不"，哪怕是关系较近的亲戚朋友，也不能有求必应，要先衡量自己的实力、精力、时间等，然后再决定是否借。不能借的，要及时而明确地拒绝。要想合适地说出"不"字，首先情面这关是要过的。即便是朋友，我帮不到的忙，办不到的事，也要请你原谅，办不到就是办不到，不能事事随你心愿。作为朋友，即使"助人为乐"，也要考虑自己的能力，连自己的事都做不好，怎么帮助别人？

日本心理学家多湖辉曾经说过："人们正是因为不好意思拒绝别人，或是没有及时表达出自己真正的态度，才会让自己总是为了帮助别人处理事情而苦恼不堪，自己反倒一事无成。"

不敢鼓起勇气拒绝朋友的借钱要求，是人们普遍的一大弱点。要克服此弱点，内心要强大，把情面看得淡一点。否则，该拒绝的时候不拒绝，就像在河堤上挖了一个小洞，以后想堵都来不及了。

【鉴招拆招】

人生之旅往往在"是"与"不"之间徘徊，这两个字画出了幸运与不幸的岔道口。对不合理的要求、不靠谱的人，要有勇气说"不"，这样你才会认清哪些是面子朋友，哪些是真朋友。

如果你患有残疾，这也许不是你的错，但抱怨社会，或指望他人的怜悯，毫无益处。一个人要有积极的态度，要最大限度地利用现状。

——斯蒂芬·威廉·霍金

远离抱怨生活的朋友

俄国诗人普希金曾经写过一首著名的诗歌《假如生活欺骗了你》——"假如生活欺骗了你，不要悲伤、不要心急。忧郁的日子需要镇静。相信吧，快乐的日子将会到来"。

但是，真正拥有如此豁达之心的人又有多少呢？很多人平时不太喜欢抱怨，一旦遇到不如意的事情，多半会抱怨一番，要寻找各种借口来抒发内心的郁闷。可是抱怨往往什么也改变不了，除了让你更加生气和失望之外，可能还会拖累你身边的人。

心理学家经过多年的研究发现，情绪是会传染的，而抱怨作为消极情绪的一种，常常也会发生一些恶性传染。也就是说，当你的朋友或者亲人常常陷入苦闷的状态，或者常常喋喋不休地抱怨时，你的情绪往往也会变得很恶劣，你也会成为喋喋不休的话痨。一方面是因为你可能会对身边的人产生同理心，从而慢慢产生感同身受的感觉；另一方面则是因为你长期接触这种负面的情绪，难免会受到干扰，渐渐对周围的环境产生怀疑。

心理学家发现，当一个人长期和那些垂头丧气、喜欢抱怨的人待在一起的时候，也会抱怨社会的不公，抱怨生活的痛苦。他们曾经对六千名囚犯进行调查研究，发现这些囚犯中往往会出现一个分化现象，那就是在某个监狱中，只要有人喜欢抱怨，那么整个囚室中的人都冲动易怒，喜欢和别人发生冲突，同时对社会怀有很深的仇恨和不满。而那些生性乐观的人在同一个囚室的时候，他们对于监狱生活往往看得比较开，并不会常常没来由地生气和愤怒，更不会在里面搞破坏。

通过比较，心理学家进一步巩固了自己的理论，他们觉得抱怨并不是一个很好的习惯，建议远离这些负面情绪，要和那些"污染源"保持距离。如果你有朋友喜欢抱怨，常常对社会、对生活表达不满，那么就需要和他们保持适当的距离，适时远离那些哭诉和唠叨。

2009年，小张进入一家事业单位上班，瞬间成了同学们眼中的幸运儿。刚开始上班的时候，他也觉得很开心，而且很快就和同事们打成了一片。他开始雄心勃勃地准备大干一场，迫不及待地想要做出一番成绩。可是工作一段时间之后，他发现同事们在工作的时候都提不起精神，而在平时的聚会时，同事们也常常流露出对工作的不满，满腹牢骚。

一开始，小张总是认认真真地听着，只当大家是在排遣不良情绪而已，毕竟工作了一整天之后，在巨大的压力之下，难免会产生一些坏心情，所以他认为只要过一段时间就会没事了，还主动去安慰他们。可是时间一久，由于自己也常常遭遇到同事那样的情况，他开始加入抱怨的行列当中，有事没事就发泄一下不良情绪，也常常在朋友面前说一说自己工作中的烦心事。

有一天，小张的爸爸发现儿子最近总是唠唠叨叨，就非常关切地问儿子是不是在单位里干得很不愉快，是不是经常受人欺负，要是那样的话，还不如直接辞职，再去找一份工作。小张认真考虑了父亲的话，同时回想了一下自己的工作情况，发现其实也没有自己想象的那么糟糕，很多时候只不过是跟着别人的情绪随口唠叨几句而已。

父亲有意无意的一句话，让小张感到有些惭愧，他只是受到了同事的影响而已，自己根本就没有什么大问题，一切都是被人误导了。所以他很快就意识到自己应该尽早远离那些同事，以免受到的影响更大。

IBM（国际商业机器公司）的一位高管曾经说过："如果你喜欢喋喋不休地抱怨，那么就请你离开这儿。"在很多公司中，都有一些硬性的规定，不允许员工有太多的负面情绪，不允许员工将负面情绪带到工作中来。对于那些管理者来说，他们最担心的就是有人在办公室里传播负面的东西，因为这种负面效应会不断传染和扩大，所以最好的办法就是及时制止。

在朋友圈中也是一样，我们千万不能去结交那些没事就喜欢抱怨的人，平时要尽量远离他们。否则我们对生活的乐观态度和积极性也会受到影响。如果你喜欢和那些唱衰生活的朋友在一起，有一天你也会唱衰生活，你的生活质量自然会不断下降。

【鉴招拆招】

当对方有了抱怨的苗头时，你要么转移话题，要么暂时离开。语云："敬人者，人恒敬之。"向你倒苦水，把你当垃圾筒的人，从心里是不尊重你的，想让你跟着他一起遭罪。他既然对你不尊重，你对他要敬而远之。

一个人如果缺乏比外界的一切影响更高、更坚强的东西，那么只要害一场重伤风，就足以使他失去常态，使他一看见鸟就认为是猫头鹰，一听见声音就认为是狗叫。在这样的时候，他所有的乐观主义或者悲观主义，以及因而产生的伟大和渺小的思想，就纯粹成了病态，不是别的了。

——安东·巴甫洛维奇·契诃夫

远离很"丧"的朋友

拥有一位乐观向上的朋友，是人生的一件幸事。我们常常说朋友之间能够互相帮助，这种帮助不仅仅是外在形式上的帮忙，也不仅仅是物质层面上的支持，更多的是一种能够改变生活观以及价值观的精神力量。因为这种力量的支持，我们足以改变生活，承受更大的压力。

只要我们细心观察，就不难发现生活中有很多朋友都是悲观派，平时在聊天聚会的时候，你能够听见他们在一旁长吁短叹，能够看见他们垂头丧气，提不起精神，就连工作也常常是无精打采。也许一开始你不以为意，觉得这只是对方在表达自己的困惑而已，可是当你和他接触的时间越来越长时，就会发现自己也会渐渐被同化，会莫名其妙地变得多愁善感，变得悲观颓废，也免不了时时要向朋友唠叨和诉苦。猛然间，你会意识到自己的生活被他们摧毁了。

而当你变得悲观颓废时，就会发现好运正在慢慢离你而去，你的心情总是变得阴郁和压抑；你的工作会变得越来越不顺利，各种烦心事都会找上门来；你和父母兄弟之间会经常发生争吵；你的感情生活可能也出现危机，你会发现自己的爱人不是这里不好，就是那里做得不够到位，两个人在一起的时候要么没有什么话好说，要么就是经常吵架和冷战，你觉得自己正在对这份感情失去控制力和兴趣，你对生活的兴趣也越来越低。此外，你和同事的关系变得越来越糟糕，和老板之间的关系变得更加紧张，你的工作效率也受到了很大的影响。在人际交往方面，你会慢慢觉得自己有心无力，觉得自己正在丧失更多的朋友。

可以说，从你过多地接触那些悲观的朋友开始，生活就已经失去了活力，幸福感也随之降低了。哲学家康德说："与快乐的人在一起，你的心永远是快乐的；和悲伤的人在一起，你的心情也会变得沉重悲痛。"他认为，一个人不应该落入别人的情感旋涡中，不应该将别人的负面情绪嫁接到自己身上，这样做只不过是徒增烦恼而已。

荷兰画家梵·高是一位天才画家，他的作品影响了很多人，世界上很多国家都掀起过"梵·高热"，他作品的价值也一再被人提高。与此同时，梵·高个人生活的故事也同样为人所关注，可以说，他一生的经历和作品一样惹人注意。而且梵·高的作品和他的情感、心理息息相关，比如他最著名的那几幅作品基本上都是深陷精神疾病困扰的时候创作的，那是他最压抑、最颓废、最悲观、最痛苦的时刻。

当然，幸运的是，梵·高还有一个弟弟西奥，他一直都默默地支持和救济自己的兄长，两个人的关系看上去更像是一对知心朋友。在很多场合，他们更愿意以朋友的关系来相处，这一点从他们的通信中就可以看出来。可以说，西奥是幸运的，正是因为有了梵·高这样的兄长和朋友，他才会被世人所知，但与此同时，他也是不幸的，正是由于和梵·高有了过多的牵扯，这个原本乐观快乐的小伙子最终和梵·高一样开始变得悲观颓废。那时候的西奥常常郁郁寡欢，尤其是看到梵·高如此痛苦，他的内心也开始变得沉重。

1890年，梵·高在精神病院里绝望地扣动了手枪的扳机，结束了自己悲凉的一生。梵·高的死对西奥的打击非常大，这个忠厚老实的弟弟一下子失去了最亲近的兄长，失去了最要好的朋友。重要的是，他也许从梵·高的死亡中看出了生命的某种预示，所以在几个月之后，西奥也因为过度悲伤和精神失常而悲惨地死去。事实上，谁都明白，如果不是梵·高的缘故，那么他一生的至亲和挚友不会因此陷入悲观之中，也不会对生活失去信心，更不会因为痛苦太深而变得精神失常。

被悲观情绪笼罩的人往往会变得悲观，如果想保护自己的情绪不受伤害的话，那就主动远离那些悲观颓废的朋友，以免时间一久被他们影响，最终让自己陷入痛苦之中，不可自拔。其实，两个人相处，应该相互支持、相互鼓励，不要让你的朋友在你身边传递那些负能量，不要被你朋友的负面情绪所影响。生活始终是向前发展的，做人要积极乐观一些，如果你的朋友总是处于悲观失落的状态，那么我们最好还是远离他们，这样才可以更有效地保证自己体验幸福，享受幸福的生活。

【鉴招拆招】

小心那些总在诉说，甚至炫耀式地讲述自己的失败和伤心事的人。还有那些喜欢揭别人短处、愤世嫉俗的人，要与他们保持距离。

> 脾气坏的人往往把天气和风向当作一个借口来掩饰他们那又暴躁又阴郁的脾气。
>
> ——查尔斯·狄更斯

远离本事小、脾气大的朋友

平时,很多人在遇到坎坷时,会扪心自问:我的事业好不好,家庭好不好,孩子好不好,姻缘好不好……其实,人只要脾气好,凡事都会慢慢变好。

谁没有觉得压抑、感到受伤的时候?所谓脾气好的人,就是有能力处理自己的负面情绪,反思、消化以后,再去理智地面对,通过沟通解决问题,而不是发脾气摔东西,或者直接找个树洞、沙袋发泄,发泄完了,觉得自己真是个小心眼的人。

而脾气坏的人,就是把负面情绪不加任何处理,简单粗暴地投掷给身边的人。或者说,他根本是懒得处理,觉得爱自己的人就有义务充当沙袋。对方有一丁点儿错,他就要发天大的脾气。其实,这是自私,是为自己想得太多,为对方想得太少。

南怀瑾先生的《论语别裁》中关于脾气的文字,十分精彩有趣:上等人,有本事没脾气;中等人,有本事有脾气;下等人,没本事有脾气。以本事将人分高下,早已有之,但从脾气维度来品评人物,则真是别出心裁,足见脾气与人的雅俗高下颇有关系。心理学家则更细致地从脾气上把人划分成四等,依次排为:有本事没脾气,有本事有脾气,没本事没脾气,没本事有脾气。

生活中，大多数人属于第二等人，有本事，有个性，也有脾气。有的人貌似是第一等人，平时基本不发脾气，一旦发起脾气来却更吓人。这说明他还是有脾气的，只是一直在忍而已。忍对身体不利，要么把火发出来，要么争取做真正的第一等人。第二等人有一部分会慢慢变成第一等，豁达了，也就没那么急躁了。而第三等人却经常会蜕变成第四等，没本事的人被生活压力所折磨，渐渐就有脾气了。只要细心观察，你多半会发现，自己的朋友、同事主要是由这四种人组成的。多与第一种人相处，往往本事见长，脾气渐小。

人的能力是有限的，一个人的成功离不开大家的帮助，离不开环境条件的支持。做人要谦虚，只有谦虚做人，才能学到更多的知识。要保持一种空杯心态，只有把自己的杯子倒空，你才能装进更多的东西。越是有本事的人，对人越是友好，你见过哪位高级领导人随便发脾气吗？你见过哪位院士对人讲粗话吗？一般不会，因为他们有知识、有水平、有能力，总之就是有本事。

如果以为有本事了，就可以发脾气，那就大错特错了。你发财，有文凭，这些可以算本事，算有两下子，这是好事，但这不是自己单方面努力的结果。越是有本事的人，越会想到别人为自己作出的努力和牺牲。正如《十五的月亮》的歌词那样："丰收果里，有你的甘甜，也有我的甘甜；军功章，有我的一半，也有你的一半。"

每当你耍脾气的时候，就要想一想，伤害了那"一半"，这"一半"还有什么可值得炫耀的呢？不过，一般好耍脾气的人，其实属于没有本事的人，在他的心目中，本事就是资本，有了资本就有了身价。

所以，如果身边有喜欢耍脾气的人，就要先观察他，看他有多大的本事。如果此人本事不小，只是偶尔发脾气，那么说明此人很善于控制自己，有一定的心胸，与这种人交往可以坦诚一点。如果此人本事不大，但是脾气不小，那么说明此人情商不高，若必须与其共事，就要感性一点，尤其在敏感问题上，要学会装糊涂，除此之外，要少交往。因为这类人发脾气的时候，总觉得别人是欠他的，对过去总是放不下。况且，他发脾气时，把自己想象得很重要，总是觉得会有很多观众，其实自己在他人眼中就是个笑话。

一句话送给爱发脾气的人："别让人生输给了心情。"无论你多么聪明、多么富有、多有权势，永远不要让脾气大于本事——如果你是对的，你就没必要发脾气；如果你是错的，你就没资格去发脾气。

【鉴招拆招】

每个人都会嬉笑怒骂。发怒是人的常规情绪，和你每天会笑一样平常。但是如果一个人习惯性地发怒，不分场合，不分时间，甚至不顾他人的面子，那就说明他的世界里只有自己，没有别人，甚至容不下别人。与这样的人交往要慎重。

我无尔诈，尔无我虞。

——左丘明

远离惯于钩心斗角的朋友

职场上常常可以听到："他真笨，连这点名堂都看不出来，让别人给骗了。"这简单的一句话，表明了大家对聪明的定义，以及对笨人的态度。

第一，聪明的人是指那些能够识破别人行为背后动机的人，也就是说，是能够读懂别人心思的人。第二，愚笨的人经常让别人欺负。让谁欺负呢？当然是聪明人了。

于是，就有一些人会暗中告诫自己："以后我得聪明一点，别让人给欺负了。"结果是，这些人练就了一双透视眼，能透过现象看本质，看出别人的心思，会以同样聪明的招数相互对付，互相推手，玩起钩心斗角的游戏。

人际交往中，这部分人喜欢耍小聪明，缺乏真诚，结果给人带来很大的伤害。对此，我们要比对方先走一步，先想一步，从而防患于未然。

"赔了夫人又折兵"的典故出自《三国演义》，讽喻那些设计整人整不到，反而赔了老本儿的人。

赤壁之战以后，刘备占据了荆州等地。东吴主帅周瑜想讨回荆州，于是心生一计。当时，刘备没了甘夫人，周瑜听到这个消息后，想出了一个绝妙的计谋：把孙权的妹妹嫁给刘备，并让他来入赘；然后把刘备幽囚在狱中，派人用荆州交换。

于是，周瑜派吕范为媒人，到荆州说合好事。没想到诸葛亮听到消息，猜定是周瑜的计谋，于是让刘备应允，并让赵子龙保护刘备。临行前，诸葛亮给了赵云三个锦囊，内藏三条妙计。

孙权的母亲听到消息后，见刘备一表人才，真心实意要把女儿许配于他。周瑜和孙权不想此事弄假成真，又不敢公开囚禁和杀害刘备。刘备劝说娘子去荆州，娘子应允，于是二人商定去江边祭祖，乘机逃离东吴。周瑜派兵追赶，却被新娘子挡了回去。正当周瑜孤注一掷时，却见诸葛亮早在岸边等候，刘备等人已登了船，往荆州而去。

周瑜派人往船上射箭，但是已经无济于事。刘备的兵望着急急追来的吴兵，大叫："周郎妙计安天下，赔了夫人又折兵！"周瑜自恃胜券在握，不想遇到了诸葛亮，才导致偷鸡不成反蚀把米。

爱算计人的人，无不以为自己聪明、妙算，但用心险恶，都维持不了长久。既要整人，又不便明言，这就注定了败局。设的计见不了人，是奸计；奸计不得人心，自己虽精心谋划，却未免心虚，有一丝透露，就心惊肉跳。世上没有不透风的墙，即使再秘密的事，一旦人家知道了，也就"夫人"赔了，"兵"也折了。一个时时、处处、事事显露精明的人，不会取得别人的信任、同情、爱护、栽培，也不会取得真正的成功。

聪明是一笔财富，关键在于怎么使用。真正聪明的人会默默努力，强大自己，深藏不露，不到火候时不轻易出手。

【鉴招拆招】

谋略心较重的人，处处算计人，与此种人不可深交，只可远观。聪明的做法是，远远地看透他的心机，看清他的为人，凡事能避则避，避不开就要学会巧妙地化解，不可正面死磕，最好也不要得罪。

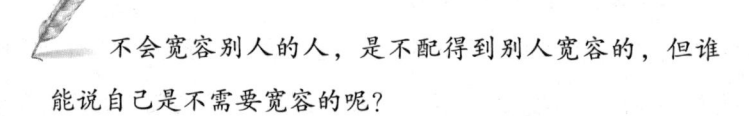

> 不会宽容别人的人，是不配得到别人宽容的，但谁能说自己是不需要宽容的呢？
>
> ——伊凡·谢尔盖耶维奇·屠格涅夫

远离小肚鸡肠的朋友

俗话说："量小非君子，无度不丈夫。"这里的"量"和"度"都是指人的格局、气量、气度，一个人的心胸就像一个容器，心胸宽阔，可以容纳来自四面八方的溪流，形成江河湖海，朋友相处才能长久。狭窄的胸怀只能容纳自己，到最后也只是一个一晒就干的小水洼而已。一般，看一个人的朋友多寡，就可以知道他的胸怀如何了。

王军是一家贸易公司的销售人员，由于他具有较高的专业知识水平，进入公司不久就成了业务骨干，薪水也跟着水涨船高。而且让王军额外惊喜的是，由于他的出色表现，竟获得了同事小梅的青睐，正所谓爱情、事业双丰收，美好的前程就在眼前了。

可是王军这人有个明显的缺点，就是格局太小，疑心太重。平时，同事很少开他的玩笑，有时背着他讨论一些事情，他会感到心神不宁，觉得此事必有蹊跷。因此，他没少与同事发生不愉快，也给大家留下了不好的印象。

老板念他业务水平高，没有炒他的鱿鱼。但是，他并没有就此收敛，反而把同事的忍让错误地理解为公司离不开自己，表现得越来越肆无忌惮，最后混得毫无人缘可言。如此破坏内部团结，老板终于将他扫地出门。小梅也觉得他心眼儿太小，这样的男人怎能托付终身？于是和他分了手。

敏感多疑、心胸狭隘是交友的大忌。在现实生活中，和王军一样的人随处可见，他们的心眼儿比针鼻儿还小，说话做事犹豫不决、胡乱猜疑、斤斤计较、纠缠不休。对待他人既不宽容，也不谦让；对自己则宽宏大量，绝不吃亏。

这些人往往在别人获得成功的时候感到苦恼，在自己遇到挫折时把责任推给他人，貌似高大坚强，实则卑微脆弱，不相信别人，更难以得到别人的信任。如此行事，怎么能与人和睦相处，又怎么能够聚拢自己的人脉呢？朋友数量也会少得可怜。这种人说到底，就是缺少格局，心中只能装得下自己。一个心中装不下朋友的人，又怎么能赢得朋友的信赖呢？

人这一辈子要与各色人物交往，就要取舍有度。如果心里装不下事，格局不够大，就很难包容别人的过失，对自己的得失斤斤计较，只会给自己正常的人际交往带来巨大的障碍。许多有才华的人为什么事业做不大，就是因为胸怀不够宽广。进一步说，一个人胸怀的大小与其生活的环境有密切关系，整天与一些喜好算计的人为伍，心里总防着被算计或者算计别人就是一种生活常态；整天与一群愤世嫉俗的人为伴，眼睛看到的都是阴暗的、见不得人的东西，进而也就很难打开心门接纳别人。相反，多与有素质的、全部心思用在干事业上的人交往，心里会很阳光，会看淡利益得失、看到人生大势。

所以，你想交多高层次的朋友，就要有大肚量。肚量是一种格局，一种成功人士必备的性格，也是吸引人脉的磁石。它会为你带来更多好运，也会让你免受伤害，更会为你拔高人生的高度。

【鉴招拆招】

心胸狭窄的人，注意的往往是谁比他露脸了，谁比他受领导赏识了，特别是在名利分配上，谁比他多得好处了。遇到此类人，尽量远离，莫和其计较得失，否则只会让你徒增烦恼。

第十章
绕过人性之恶

张爱玲说过:"人性是最有趣的书,一生一世看不完。"东野圭吾也说:"世上有两样东西不可直视,一是太阳,二是人心。"人无完人,我们每个人都有一些人性的弱点,比如妒忌、虚荣、犯懒、拖延等,甚至有一点自私。我们有弱点,也要容许别人有。对于这些人性的弱点,甚至人性中"恶"的部分,有时候我们不能硬碰硬,或者非要一棒子打死,而是要绕过去,要用爱与真诚去化解。人性中有恶,但人性中更有爱与本真。

益友百人少,损友一人多。

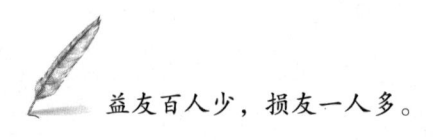

——民间谚语

脸上无波澜,心中要有数

小郎人缘不错,自己是个出租车司机,平时什么朋友都交,有机关单位的朋友,有医院的朋友,有学校的朋友,还有社会上的朋友。有的不是泛泛之交,关系处得还不错。他用得着的时候,这些朋友也会帮他的忙,比如帮他到医院挂个号,网上买张车票,也有的人会给他介绍几单生意。他常说:"在家靠父母,出门靠朋友,多个朋友多条路。"此话不假,多结交一些各行各业的朋友,还是有些好处的。但是,交友要有原则,要看清楚什么人可交,什么人不可交,不是什么人都可以成为朋友。

现实生活中,坏人没有特别的样子,脸上也没写上"坏人"二字,有些坏人甚至还长得帅或漂亮。

社会复杂多变,在人际交往中,我们接触的人也是形形色色、贤愚不等。不可否认,大多数人能够遵循做人做事的一般原则,容易相处。但是,有些人品德不好,会带来种种麻烦。显然,面对人情多变、人心难测的现实,如果只讲待人宽厚包容,就会吃亏上当。因此,结交朋友,心中要有数,才能分辨出哪些是损友。

在形形色色的人中,交朋友要做好以下几点。

(1)重视小人物。在现实生活中,与人打交道的时候,人们会无意识地以身份、地位、职业来衡量对方。值得警惕的是,千万不要用过于势利的短浅眼光经营人脉。对方现在富贵,出金入银,就小心伺候着;对方现在是个潦倒的小人物，就忽视、轻视、鄙视之，这样做会吃亏。

（2）应对耍小聪明的人。在生活中，一些人喜欢耍小聪明，缺乏真诚沟通，结果给人带来很大伤害。对此，我们要心中有数，对待这样的人不要断交，也不能深交。

（3）揭穿虚伪迎合的人。一些人没完没了地在大家面前表示忠诚、在领导面前表示"愚忠"，常常让人难以鉴别。其实，生意场上，越是自称"愚忠"的人，我们越应该加以警惕。

（4）对付不怀好意的人。一些人不怀好意，总想方设法让我们丢脸，然后利用可乘之机达到自己不可告人的目的。对待这种人，我们要讲原则、讲规矩，让他们暴露自己的丑恶嘴脸。

（5）珍惜身边人。对身边的朋友、同事、邻居都要好好相处，对这些常见的人要好好相待，这样一来，一旦遇到困难才会有人向你伸出友谊之手。

在现实生活中，有些人内心方正，有些人处世圆滑。因此，和不同性格的人交往，要做到心中有数，采取不同的交际之道。

鉴招拆招：

对内方外方的人要诚实委婉，对内圆外圆的人要有板有眼，对内方外圆的人要有礼有节。面对坏人的挑衅时，要学会本着老祖宗留下来的"宁得罪君子，不得罪小人"的原则与其交往。

一个人如果对待陌生人亲切而有礼貌，那他多半是一位真诚而富有同情心的好人，他的心常和别人的心联系在一起，而不是孤立的。

——弗朗西斯·培根

没有同情心的人不配当你朋友

小的时候，父母通常会和我们说："不要和坏孩子玩。"什么样的人是坏孩子，那时我们没有确切的概念，现在想想，大概是指经常欺负其他孩子的捣蛋鬼。除此之外，一个小孩子还能坏到哪儿去？后来慢慢发现，这样的孩子从小要比别的孩子缺少同情心。的确，一个人有没有同情心，与他的成长经历有很大关系。

如果一个成人没有同情心，对人对事缺少必要的怜悯之心，那么这样的人少结交为妙。

为什么？

社会学家经过研究发现，那些缺乏同情心的人往往会出现很多社交问题，比如说，冷漠孤僻；对人不够友善；一切都以自己的主观意识为主；从自己的立场和角度出发看待问题，不会为别人着想。这样的人在很多时候容易伤害朋友，因为他从来不会站在别人的角度想问题，也无法体谅到别人的痛苦和难处，因此发生矛盾冲突的可能性很大。一个人摊上这样一个朋友，往往会被对方的冷漠所伤，因此最好的方法还是保持必要的距离，不要与之深度交往。

怎么识别一个人有没有同情心呢？

很简单，在日常生活中观察他。比如，看他愿不愿意救济困难者，或愿不愿意施舍一点东西给穷人。如果面对弱势群体，他们只是非常冷漠地看待身边那些伸出来的求救双手，那么至少说明他们缺少必要的同情心。不要错误地认为这是小气，多半不是！这是一种漠视。

对于任何一个人来说，同情心都是交友所要考虑的一个重要因素，因为它代表了一个人对周围的环境、对周围的人是否真正在乎，是否愿意帮助弱者并维护弱势群体的利益。当然，很多人会认为，朋友即便是对别人缺乏同情心，但是当自己遇到困难的时候，对方也有义务站出来为自己解决难题。"伸手帮朋友"，这听起来很有道理，可是你能够保证一个对别人漠不关心的人，会愿意一而再，再而三地帮助你吗？你能保证一个缺乏同情心的人，会坚定不移地恪守那份义务吗？

一个人如果缺乏同情心，就会在更多时候表现出修养的缺失，这种缺失并不是单纯的友情就可以弥补回来的。即便对方真的愿意帮助你，也不过是恪守所谓的朋友义务，但是朋友是不是真的有义务帮助你呢？谁规定了朋友就必须为你付出呢？即便对方愿意顾及情面，久而久之他也会认为这种义务不过是一种负担，从而开始冷落你。所以，对于一个毫无同情心的人来说，你不要指望依靠朋友关系来让他帮助你，毕竟友情并不能帮助他提高人文情怀和道德修养。在他看来，弱者也许都是不值得同情的，而你很快也会成为其中之一。

1935年，纽约某个法院处理了一件非常普通的案子，一位偷面包的老妇人被超市人员当场抓住，然后法院对老人进行了审判，当时法官对老妇人做出罚款十美元的惩罚。但事实上，这个老妇人之所以偷东西，完全只是为了养活挨饿的小孙子，可是当判决书下来的时候，没有任何人为老妇人求情。

在一边旁听的纽约市市长拉瓜迪亚非常失望地摇了摇头，其实在座的很多人都是他的朋友，可是这些有钱有权的人却没有帮一个受困的老人说一句话。这个时候，他静静地脱下了自己的帽子，率先往里面放入十美元，然后对着朋友和旁听的人说:"现在请每个人交五十美分的罚金,为我们的冷漠付费,以处罚我们生活在一个要祖母偷面包来喂养孙子的城市。"

事后有朋友对拉瓜迪亚说:"为一个罪犯交罚款,你认为妥当吗?你觉得那些纳税人,那些理应受到法律保护的人会怎么想?"其实朋友是好心相劝,毕竟法律面前人人平等。可是拉瓜迪亚非常生气,他对朋友说:"因为法律是冰冷的,而我们的心应该是热的。"事后拉瓜迪亚再也没有和这个朋友交往,他后来在回忆录中这样写道:"一个人如果缺乏同情心,那么他的内心多半是很麻木的,这种麻木也许会让他的朋友感到心寒。"

对于那些没有同情心的人而言,他不会因为你是他们的朋友而主动伸手援助,至少这种帮助并不会坚持太久,或者说不是出于真心。如果你渴望对方能够在友情的束缚下帮助你的话,那么这个如意算盘也许要打空了。不仅如此,你经常和这样的人在一起,朋友为人处世的方法以及一些思想观念往往会对你的行为造成影响,你会觉得弱者是不值得去同情的,你会认为让自己变强才是硬道理,自己多和那些伟大的成功人士多接触才是真理。那样的话,你可能会因此变得更加冷漠,毕竟长时间生活在这样一个欠缺爱的环境中,你会慢慢对周围的人和环境表现得漠不关心。

【鉴招拆招】

没有同情心的人往往不会帮助弱者,不懂得体谅那些遭遇困难和折磨的人。即使是对朋友也不例外。当你落难的时候,别指望他们伸出援手,帮助你重新振作起来。

做大生意，就要有长远打算，不能做一锤子买卖。

——胡雪岩

吃独食者

关系是什么，就是照顾到自己，也想到别人，你中有我，我中有你。在利益上，一个人独占，谈不上"利益关系"。因此，凡是谈到"关系"的时候，要想到他人，并维护好他人的利益。当你与他人的关系无法进行下去时，应该想一想是不是在利益分配上出了问题。有时候，你在利益上让一步，对方也会让一步，关系就顺畅了。

李嘉诚说过："如果一单生意只有自己赚，而对方一点不赚，这样的生意绝对不能干。"意思是，生意人应该利益均沾，这样才能保持长久的合作关系。相反，光顾一己利益，而无视对方的权益，只能是一锤子买卖，必然将生意做断做绝。出让利益，你将得到珍贵的关系，而利用好这些关系，将得到更大的收益。正所谓，"小利不舍，大利不来"。

在生意场上，你赚我不赚，生意不会长久；我赚你不赚，生意也不会长久；我赚你也赚，才能做成长久生意。这也就是我们平常所说的"有钱大家赚"。举个例子，一家公司处于创业阶段，大家往往能够"一视同仁"，产生凝聚力，只要谁把事情做好，谁就有升职的机会，谁就有增值的可能，谁就有一个发展的空间。这时机会是均等的。但是，当公司效益好了以后，一些人就会想："公司该给我钱了，该给我升职了。"这时候，往往是利益失衡的开始，也是关系复杂化、矛盾化的开始。

同样的道理，处理好你与他人的关系，要善于从"利益"角度入手，去分析人们的立场、主张，以及对方的行为。许多时候，人际关系出了问题，多半是利益分配出了问题。在涉及利益的问题上，不要吃独食，要学会分享。比如，在合作中，任何一方都应多为对方着想，多考虑对方的利益。如果只是想着自己多得到一些利益，而让对方少得到一些利益，那么这种合作伙伴关系必将走向破裂，受害的是合作的双方。

试想一下，在一项业务合作中，如果双方都拿50%的利润，那么这个活动可以很好地进行下去，因为双方都感觉到50%的利润是自己应该拿的。如果一方只拿40%，而愿意把利润的60%让给对方呢？这样在短期内或许是吃亏的，但从长远来看，你会赢得更多。

所以，双方只有都能照顾对方的利益，才能长久地建立良好的合作关系——懂得让利，在利润分享上大方一些，更容易赢得合作，让关系长长久久。

尤其是生意场上，人与人之间的交往，本身就是合作的过程，主动与人分享利益，赢得的是他人的信任、更多的伙伴，以及未来的前景。

做任何事情，千万不要"铁公鸡——一毛不拔"。相反，要经常让利给别人。让小利于他人，眼下像吃了点亏，但从长远来看并非吃亏。事实上，让小利于他人，他人不仅不会与你争利，反而会生出感激之情，信任你。取得他人的信任比什么都重要，而取得伙伴的信任就更加重要了。信任你的伙伴不仅不会让别人拆你的墙脚，关键时刻还会帮你一把。即使不能帮你，也不会落井下石。

【鉴招拆招】

任何时候，与任何人要想维持长久的关系，要把握利益平衡这个交往原则。一旦利益失去平衡，或者利益需要进行重新分配的时候，往往也是关系变浅的开始。

老的树最好烧，老的马最好骑，老的书最好读，老的酒最好喝，老的朋友最可信赖。

——杰森·F.莱特

生命在于运动，朋友在于走动

中国有句古话叫"无事不登三宝殿"，意思就是说，平时就很少走动，只有出现了事情，或遇到了麻烦，才会想着主动来登门拜访。这样的人在很多时候就是典型的"务实派"，他们只有有求于人的时候，才会纡尊降贵主动来求你。毫无疑问，这些人走到哪儿，哪儿就可能出现麻烦。

在朋友圈中，忌讳的也常常是那些"平时不烧香，临时抱佛脚"的人。这样的人缺乏一种基本的朋友相交的礼数，缺乏一种诚恳和尊重，他将朋友当成一个急救箱来对待，平时心里根本装不下朋友，只有麻烦缠身的时候才会想到去朋友那儿找点门路，才会想到如何让朋友来帮自己减轻压力。其实，登门拜访不仅仅是一种简单的拜访，更多时候表现了朋友之间一种亲密和尊重的方式，毕竟有人愿意经常到家里来看你，就证明你这个人具有一定的吸引力和个人魅力。对于朋友之间的关系来说，经常串门也能够有效促进感情的交流。而无事不登门，有事才来求人的朋友通常都比较自私自利，这样的朋友对于你来说，不过是一个麻烦制造者，最好敬而远之。

明朝有个官员叫张广轻，他曾经因为弹劾上级官员而丢了乌纱帽。那个时候，很多朋友都开始刻意疏远他，甚至在大马路上遇见也装作不认识。张广轻自然知道"树倒猢狲散"的道理，通过这件事，他也看透了人情冷暖。所以他毫不在意，成天将自己锁在房间里，练练书法，读读书，以排遣内心的郁闷。

在他无官无职的三年半时间里,几乎没有一个朋友来看他,曾经那些官场上称兄道弟的人也没有再和他联系。随着那个被弹劾的官员落马,张广轻很快官复原职,而为了奖赏他对贪官的抗争和举报,朝廷还提升了他的官职。就在这个时候,开始有人三三两两地来找他,而且来人多半是有事相求的,不是让他帮忙解决官司,就是让他帮忙谋个差事。张广轻一概拒绝。很多人认为张广轻是出于报复心理,认为当时没人在他落魄的时候关心他、支持他,没人敢替他说话。但是他说:"有事才想到朋友的人,有事才会登门拜访朋友的人,通常都是来者不善,我可不想卷入那些不必要的是非之中。"

其实人与人之间的交往更看重常态化,常态化的交往才能确保常态化的感情维系,所以朋友之间就应该多串门、多走动。朋友之间多聚一聚能够很好地促进感情,毕竟这样的人会让对方觉得你始终都在关怀他,从而为双方以后的交往打下坚实的基础。以后只要你有什么困难,朋友多半会主动挺身而出,帮助你解决困难。

有人曾做过一个很有趣的调查,发现人与人之间的登门频率,一周超过三次的通常都是很要好的朋友;频率为一个月三次的则是比较好的朋友;一年三次的则为普通朋友;数年之间也很少往来的,两个人的关系往往会比较淡。研究人员总结得出:登门频率越高,证明两人之间的联系越紧密,关系也越融洽。而从交往频率往往也可以看出朋友对你的心意,如果对方心中有你,且时常记挂着你,那么一般来说都会主动来看看你。而那些无事不登门的朋友,你就要小心了,因为对方很可能带着诸多麻烦一起来找你。比如我们常常会遇到这种尴尬的事情,就是某一天可能会见到多年未见的朋友登门拜访,而对方一开口就是借钱,这或多或少让你感到不放心。

我们不能片面地认为不登门的人就不算是朋友,毕竟朋友之间的距离有远、有近,而且有的人的确不喜欢四处走动,这显然不能证明两人的关系不和睦。但是从人际交往的角度来说，平时多走动有助于增进感情，因为走动的次数多了，彼此的话题也就更多了，相互之间也更为了解，那么信任感和安全感就会增强。

对于有事才想起朋友的人，我们不能过于轻信和靠近，毕竟这样的人往往只会想着利用我们的感情而已，一旦你失去了利用的价值，他觉得你帮不上什么忙时，多半会疏远你，会忽视你的存在。既然如此，我们又何必去和对方打交道呢？不妨一开始就坚决地敬而远之，因为我们根本就没有必要为之浪费时间和精力。

【鉴招拆招】

朋友也是人，也需要关心。长久没有联系，只会让双方的心慢慢产生距离。对突然造访的朋友，要学会控制友情的温度，做到不推不迎，不随意欠人情。

> 世界上总有一些人，你无条件地配合他，时间久了，他就认为那是理所当然的，你偶尔拒绝一次，他就认为你忘恩负义。
>
> ——佚名

过河就拆桥的人，多薄情寡义

有些人不懂什么叫情义，求人时，卑躬屈膝，只索取不讲回报；无求于人时，撞个满怀，眼皮也不抬一下，甚至过河拆桥，忘恩负义。与人交往的时候，对这些人要严加防范。

秦桧刚到南宋朝廷时，许多大臣对他很是怀疑，大家都对他敬而远之。

当时，为了能够得到皇帝的召见，秦桧携带奇珍异宝，登门求助于宰相范宗尹。范宗尹同秦桧本来就臭味相投，见秦桧又会来事，自然乐于引荐。

由于秦桧的花言巧语，阿谀奉承，很快赢得了宋高宗赵构的好感，不到一年，便升至参知政事。但秦桧并不满足，他在觊觎宰相的宝座。如果不把范宗尹扳倒，他是上不去的。他留心寻找着机会。范宗尹却浑然不觉，还将秦桧视为知己。

有一次，范宗尹对秦桧说："皇上将要发布大赦令，同时要将朝廷中的文武百官都晋升一级。现在朝中官员的底细你是知道的，有好多人都是当年奸臣蔡京等六贼当政时，靠贿赂被滥赏为官的。我想上书皇上，请求将这些人全都清除出去，你以为如何？"

秦桧估计范宗尹这个主意未必行得通：一是他看出来，皇帝对这个年轻的宰相已经有点厌倦了；二是他这么一提，伤人很多，必然会遭到强烈的反对，使他陷于孤立。秦桧转念之间又想，这可是扳倒范宗尹的好机会，于是表示坚决支持。

有了秦桧的支持，范宗尹信心十足。第二天早朝时，他便将这个主张提了出来，果然遭到了许多权臣的反对。范宗尹一直眼巴巴地等着秦桧表态支持，可秦桧始终双目低垂，不动声色。

等到皇帝说完之后，秦桧摸准了动向，才不急不忙地说出了反对的意见。结果，秦桧既得到了皇帝的赞许，又博得了大臣的拥护，只有范宗尹瞠目结舌。他没能达到目的，被皇帝反驳，失去宠信，又因此被大臣们所反对，只好请求辞职。就这样，秦桧过河拆桥，不动声色地挤掉了范宗尹，取得了宰相之位。

一些地位低下的人，依靠对权势者的恭顺、奉迎，逐渐得到擢升，一旦他的地位与提携他的人不相上下的时候，他便恩将仇报，对给过他帮助的人加以陷害、排挤。

对此，我们要给自己留有后路，早做防备。历史上，范蠡、张良功成身退，给自己留有后路，巧妙躲避了上司的过河拆桥，实在高人一等。

（1）待人需实实在在，不可势利。挺直腰板，堂堂正正地做一个"大写"的人，这样，你会赢得他人的尊崇，也会交到众多的真朋友。

（2）藏而不露。有才干本是好事，是事业成功的基础，而在恰当场合显露出来是十分必要的。但带刺的玫瑰容易伤人，也会刺伤自己，露才要适时、适当。

【鉴招拆招】

在人际交往中，有的人一旦借助他人的帮助达到目的后，一转眼的工夫，便显露出过河拆桥的面目——把曾经帮助过自己的人抛诸脑后、不闻不问。对这些人，尽量少交往。

> 人的一生应该为自己而活，应该学着喜欢自己，不要太在意别人怎么看我，或者别人怎么想我。其实，别人如何衡量你全在于你如何衡量你自己！
>
> ——席慕蓉

放低自己

在现实生活中，一个人能否取得成功，除了与自身的能力有关以外，还离不开别人的帮助。要想得到别人的帮助，首先要让别人喜欢自己、欢迎自己。那么，一个人如何让别人喜欢和欢迎自己呢？其实很简单，那就是放低自己，抬高别人。

当一个人愿意把自己放低，把别人抬高时，对方就会有一种优越感和安全感，也会为自己创造出成功所需要的必要条件。

周星驰深深地了解这一点，所以成了演艺圈的常青树。他的每部作品票房之所以那么高，不是因为他善于演喜剧片，而是因为他是一个"心理学专家"，他懂得真正的成功之道——把别人垫高，把自己放低，让别人有安全感，让别人有快乐，让别人有自信，让别人有希望，这样别人才会喜欢你，才会让你有希望顺顺利利地成功。

周星驰演的角色，大多都是被嘲笑、被欺辱的人，演一个被人看不起的人，能让所有人觉得"我会赢过你"。

人是感情动物，他们希望看到富豪身上的平民气质，而不是金钱和地位，如果自己具备和保持这种气质，周围的人就很愿意接纳。放低自己抬高别人，是一种性格，是一种良好的心态，也是对自己人生价值的客观评价。

但是有很多人会问：放低自己，会不会真的使自己变矮呢？当然不会！放低自己反而会抬高自己的身价。因为懂得放低自己抬高别人的人，往往能受到社会更广泛的承认和人们更普遍的尊重。

刘备为求得千古难遇的人才，三顾茅庐，感动得诸葛亮对其忠心耿耿，为了蜀国的发展，鞠躬尽瘁，死而后已；张良为学到失传的兵书，三次起早摸黑去桥边等候，才得到可以运筹帷幄、克敌制胜的《太公兵法》。因此，要想让别人喜欢你，就要放下架子，以诚恳平易的心态对待他人，这样才能够为自己打造融洽的人际关系，赢得好人缘。

小河因为放低自己而选择缓缓地流淌，平原之所以扮演平原的角色是因为它在放低自己。你之所以有这么多人欣赏、支持是因为你学会了放低自己、抬高别人。而你不这样做的时候，就会有争议、纠纷、争辩如同泉水涌现出来。

珠穆朗玛峰之所以比别的山峰高，是因为有些山峰愿意放低自己；大海之所以能成为大海，是因为小河愿意融入。之所以有人尊重你，是因为对方愿意放低自己。只有放低自己，才能体现出你对他人的尊重与认可。

【鉴招拆招】

放低自己，就是把自己放在人人平等的氛围中，放弃架子，遇事不张扬、不炫耀，让对方感到很舒服、很自在、很优越、很自信……在朋友面前抬高自己的人，心中没有朋友，此类人慎交。

如果没有宽恕之心，生命会被无休止的仇恨和报复所支配。

——阿萨·吉奥利

人的报复欲

在现实生活中，小气量的、睚眦必报的朋友要少接触。没有矛盾还好，一旦有了矛盾，你不但会失去这位朋友，还可能增加一个敌人。无论怎么算，都是不划算的。所以，平时要多观察、多考验，与有仇必报的人尽量保持距离。

战国时有个名叫中山的小国。有一次，中山国国君设宴款待国内名士，不巧做的羊肉羹有些少，不能让在场的人每人分得一碗。其中有一个叫司马子期的人就没有喝到羊肉羹，气得不得了。为了报复，他就劝楚王攻打中山国，楚王欣然同意。由于楚国兵强马壮，中山国很快被攻下，中山国国君逃到国外。在逃跑时，有两个人拿戈跟着他，他便问道："你们来干什么？"对方说："以前，有一个人曾因获得您赐予的一壶食物而免于饿死，我们是他的儿子。父亲临死前嘱咐我们，中山有任何事变，都要竭尽全力，甚至不惜以死报效国君。"国君听后，感叹地说："怨不期深浅，其于伤心。吾以一杯羊肉羹而失国矣。"

中山国国君因为一杯羊肉羹而亡国，却由于一壶食物而得到两位勇士的帮助，实属不幸之中的万幸。这段话道出人际关系的微妙之处：一个人如果失去了少许金钱，尚不至于发怒，而一旦自尊心受到损害，则必心生嫉恨。

如果得罪的这个人又正巧是一个睚眦必报的人，那么他必会变本加厉地还以颜色。

与睚眦必报的人交往，会面临很大的风险。首先，有损你的名声，与什么样的人在一起，你会被认为是什么样的人，与一个名声不怎么好的人走得太近，自然会给人留下足够的想象空间。其次，有被算计的风险。睚眦必报的人爱计较、爱狐疑，其争强好胜的性格，不容你在某些方面强过他。一旦你强过他，很可能会激起其嫉妒心。睚眦必报的人报复欲极强，你不经意的一些话，如果伤害了他，他就可能记恨你一辈子，无论你怎么表示歉意，也打不开他的心结。

当然，我们也不可以仇视的心态去对待这类人，跟他们划清界限即可。较好的方法就是，面子上和，遇事看破不点破。再就是要少有经济往来，在生活与工作中都保持安全距离。

【鉴招拆招】

对睚眦必报的人要勤打招呼，少说话；不主动来往，但不拒绝来往；不深交，但不绝交；可以给予好处，但不能占其便宜。再就是不要浪费时间和精力在他身上，不值得。

> 越是没有本领的人就越自命不凡。
>
> ——邓拓

自恋型人格障碍

多时候，当你带着个人好恶、感情来评价一个人时，往往会过度放大对方的优点或缺点。而当你只看到别人的缺点，并借以表示自己的观点时，往往不是那个被评价的人有问题，而是你的修养不够。

在生活或工作中，经常见到这样的人。对身边的某个人怎么看都不顺眼，逢人就说："你看那某某某，怎么那么讨厌啊！"今天讲这个，明天论那个，总觉得身边越来越多的人不顺眼，看谁都有毛病，看谁都来气。但他们很少反思自己，其实自己才是那个有毛病的人。

小陈名校毕业，有学问、有闯劲，是工作中的一把好手，但有一个缺点：个性太强。刚到单位时，他常与同事发生一些不愉快。他说："我非常尊重老同事，他们水平不行，混饭吃也就罢了，还倚老卖老，没一个顺眼的。"平时，看不惯这个拍马，看不顺那个装糊涂，有什么就喜欢嘟囔两句。同事都忌讳与他交往。领导也曾委婉地提醒过他，不要破坏单位的工作氛围。他心里却有一肚子的怨气：你这个领导就是个饭桶，只会抢别人的功劳，最后还要出来和稀泥。

俗话说，同事是朋友，也是对手。与同事关系处得好不好，会直接影响你的声望、工作。有时，即使你的看法没错，他们就是混饭吃的，就是"草包"，但这个"草包"能混下去，自然有他的生存道理。你能看出来的问题，同事、老板照样也能看出来，为什么要急匆匆地表达你的怨气呢？老板会给你加工资，还是会升你的职？还有一种人，只要别人站在他的对立面，立场与他不一致，他就会把对方看得一无是处。其实，人都喜欢以自我为主，吃了亏就会认为自己是被算计了；出了错就是被冤枉的；被批评了就觉得很委屈……要记住，别人和你唱反调，不支持、不赞成你，未必是别人的错，多半是你心理不够强大，个人修养还不够。为什么？

其一，别人的不顺眼之处，自己身上多半也有。看别人不顺眼背后的心理动因就是自我嫌弃，不喜欢自己内在的某些倾向。比如，不喜欢自己的自私自利，就会关注别人自私自利的举动；自己很势利，喜欢利用别人，往往就会对这点特别敏感，讨厌被人利用。人们通过否定别人身上这些自己已有的缺点，来重塑自我形象。

其二，别人的不顺眼之处，可能是自己欠缺的。看到新来的同事笑脸迎人，嘴上说着这人只会拍马屁，内心深处却在责怪自己不会来事儿。自己在某些方面不如别人，就会心生嫉妒，下意识地避开人家身上的优点，把注意力集中在缺点上，也就越看越不顺眼。

此外，童年有过被至亲的人嫌弃、打骂、过度贬低等经历的人，内心自卑，容易在潜意识里形成一种莫名的怨恨，投射到身边大部分人身上，仿佛人人都是自己的敌人。从小被娇惯或成绩一向优秀的人，如果失去宠爱、恭维，巨大的心理落差就会引发嫉恨心和失落感，逐渐看谁都不顺眼。

当你看别人不顺眼时，不妨换个角度想一想，是不是自己的修养不够？我们有多不喜欢对方的某个方面，就有多讨厌自己内心的"缺陷"。只要你能认出它来，就已经踏上了成长之路。

要把不顺眼的人看顺眼，至少要加强三项个人修炼。

一是改变衡量别人的"尺子"。自己看不顺眼的人，其实也有可能成为你的好朋友。之所以看他不顺眼，是因为站在自己的角度，按自己的标准去看待、评价别人。衡量别人的"尺子"是我们自己设定的，不妨摆脱自我中心的位置，试着用大众标准去看待对方，往往能很快释然。

二是别用挑剔的眼光看人。金无足赤，人无完人，用欣赏的目光取代挑剔的目光，或许更能看到别人身上值得称道的一面。

三是学会原谅和包容他人。即使对方先不敬，言辞间伤害了自己，也要尽量克制、忍让。人人都会出错，不去过度计较别人的对与错，才能得到别人的敬重与谅解。生活中，许多非原则性的事不妨糊涂点、健忘点。

【鉴招拆招】

不要与朋友较劲，做好自己最重要。不管是被迫还是主动，当我们与别人较劲的时候，收获的往往是烦恼与失落。

一个人的内心如果充满了自卑，往往就会变成一个最骄傲的人。

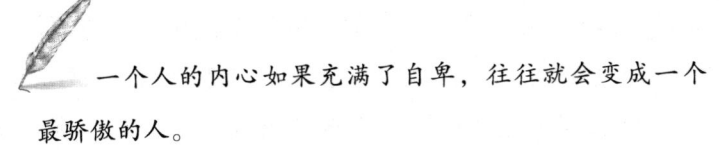

——古龙

心太累，终于把"玻璃心"朋友"拉黑"了

一位年轻人去参加一个活动。晚上，大家在一个烧烤摊上吃烤串。边吃边聊时，有一个人好心地对他说："我正好开了车，一会儿顺路带你回去。"就因为这一句话，他不干了："就你有车啊！有车就牛啊！不就搞个小聚会，开车来显摆有意思吗？"

对方感到很委屈，看他气势汹汹的样子，也不想和他纠缠。

什么是"玻璃心"？这就是"玻璃心"！对于没车的"玻璃心"来说，你打车都可能被认为是炫富。许多时候，不是你太高调，而是对方太"玻璃心"。

生活中，有些人对周围的事物就是这么高度敏感。他们总是会说希望别人过得好，心里却不希望别人过得比自己好。你混得好，比我有层次，我的"玻璃心"就开始作祟，不是找你的缺点，就是说你的坏话，越是把你贬得像个屎壳郎，越是能得到些许的心理慰藉：不是你比我出色，而是你沾了别人的光，走了邪门歪道。像这种"玻璃心"的人，你就是蹲个茅坑，他也会说你在炫耀。其实，如果他不是羡慕，又怎么会觉得对方是在炫耀呢？其背后的逻辑再清楚不过了：你吐槽别人高调炫耀的同时，暴露的不就是自己的短板、自己的缺憾、自己的匮乏吗？

一个年轻人一年至少跳槽五次，其中四次是被辞退的，但是她从来不从自己身上找问题。每到一个新公司,刚与新同事混熟,就开始责骂以前的同事如何对不住她,以前的领导如何为难她。大家都对她敬而远之。平时,她看不惯同事背漂亮的包包,开中高档的汽车,甚至连老板表扬某个员工,她都要撇撇嘴。总之,她看不到周围美好的事物,也看不得别人比自己过得更好。

可惜,她认识不到自身的问题,把自己在职场遭遇的种种不如意归咎于自己太真诚,太善良。其实,她把"玻璃心"都画在脸上了,谁还愿意与她这样的人相处呢?慢慢地,她就会淡出别人的朋友圈,甚至被"拉黑"。

大多数人多少都会有点"玻璃心",但是太"玻璃心"的人,不仅自己会累,还会让身边的人感觉到累。朋友新买辆车发了条朋友圈,你就觉得他在炫富;朋友有了女朋友跟你分享,你觉得是在秀恩爱;朋友和别人去旅游,你觉得是抛弃了你……其实只有一种解释,因为你什么都没有,所以才觉得朋友做什么都触碰到了你那颗敏感的"玻璃心"。

有的人总说别人"装",其实是他连"装"的资格都没有。

一个人不要太"玻璃心",不要别人一条信息没回,就觉得自己做错了什么,不要别人一生气就觉得是讨厌你了,不要什么事都对号入座,怕这个,怕那个,活得小心翼翼,不累吗?

交朋友也不要交太"玻璃心"的人。因为朋友"玻璃心",所以他永远都觉得是你给他脸色,说话刺激他,让他委屈。

很多人际关系破裂的原因大概都是太过"玻璃心",不管是亲情、友情、爱情,都是如此。太过"玻璃心",别人的一次忽略,一次恼怒之下的抱怨,一次没有尊重你的意愿,都成了"玻璃心"的导火索。

[鉴招拆招]

如果你想免于无形的伤害,就尽可能少与太"玻璃心"的人交往,你不是他妈,也不是他爸,不可能处处小心翼翼哄着他,更没有义务时时把他捧在手心。否则,他那颗易碎的"玻璃心",迟早会给你带来伤害。

> 一个成大事的人，不能处处和别人计较，消耗自己的时间进行争论。无谓的争论，不但对自己性情上有所损害，而且会令人失去自制力。
>
> ——林肯

别人牛皮满天飞可不点破，但要绕过

每个人身边都有几个爱吹牛皮的人，吹牛的时候，浑身都是本事，存在感很强；没牛可吹时，浑身不自在。其实，吹牛并不是坏事，说得好听点，也可能是理想。

一个人吹牛不可怕，可怕的是光说不做，总是在朋友面前吹来吹去，靠顶着一张利嘴到处混，空话、套话、漂亮话满天飞，这种人于人于己都无益。

如果你身边有这样的人，整天对着你吹牛皮，你不点破他，他却把你当小孩子一样，那么他多半没有把你当真朋友。有一次和几个老同学吃饭，席间，有个家伙三杯过后，便不动声色地吹起牛来，说他们的老板很有钱，劳斯莱斯坏了，根本就不修，直接扔在马路边。有个不长眼的人便追问："扔哪儿了？我去捡。"他这一问，对方还得往下编，怕弄得场面不好看，有人赶紧举杯道："喝喝喝！"这杯刚下肚，又一个说："今年公司效益不好，老板快发不出工资了，正在卖房子，四十多套呢。"看来，这是铆足了劲儿要吹牛皮，把对方比下去。老板发给你薪水，难不成还雇用你们出来吹牛皮？

其实，爱吹牛的人，通常都是自卑心在作祟。因为想让人瞧得起，为了有面子，就要在不知情者面前虚夸一些，以找到存在感和被尊重感，抑或是求得某种心理平衡——把你比下去，我就舒坦，你比我好，我就浑身不舒服。但是，一个人是不是在吹，别人是能感受得到的。尤其是朋友间，偶尔吹点小牛，也不是什么坏事，不会对别人造成伤害。但是，不讲场合，不看对象地满嘴跑火车，其实是变相地拉低自己，对别人也是一种不尊重。

所以，对喜欢吹牛，尤其是见了这个是朋友，见了那个也是朋友，却从来不把别人当朋友，只当吹牛对象的人，尽量不要当成真朋友。

首先，满嘴跑火车的人，其言可笑。吹牛被人识破是一件很丢面子的事，但是爱吹牛的人几乎时时、处处都要冒这样的风险。对他们来说，与其说是风险，不如说是刺激。许多时候，他们自吹自擂，觉得很有面子，其实，在别人心中却成了笑柄。所以，在他们吹牛的时候，就当是在听笑话，不必较真。

其次，满嘴跑火车的人，其心可疑。既然是在吹，也多半没有多少可信度。俗话说，君子无戏言。当一个人在你面前吹来吹去时，你会不会觉得这个人很没劲，是不是觉得这个人缺少诚信呢？不管是一般共事，还是做朋友，该讲的真话还是要讲。如果这个朋友谎话连篇，见人说人话，见鬼说鬼话，牛皮满天飞，那就尽早远离，因为他心术不正。

最后，满嘴跑火车的人，其人品可疑。出于场合需要，有时可以装一点、假一点，但是在日常生活中，与朋友交往时也习惯性说大话，对谁都难有一句真言，那这个人的人品就值得怀疑了。

吹牛的人是虚伪的，因为吹牛等同于谎言，而谎言很容易被人戳穿。如今的社会，弄虚作假是长久不了的，最终还是需要真本领。面对吹牛的人，你如果不得不和他打交道，那就赞同他，并且表示出对他的欣赏，比如在他的朋友面前称赞他。或者少说话，就静静听，适时地点头应声。如果并不是非要和他交往，那就尽量少接触吧！

【鉴招拆招】

哲学家维特根斯坦说："我贴在地面步行，不在云端跳舞。"在生活中，脚踏实地能使自己的路走得更沉稳、更顺畅、更坚实。交朋友，找共事对象、合作伙伴，也要找踏实、沉稳之人，绕开虚伪之人。

像出鞘的剑一般的对手并不可怕，但是对于装扮成朋友的敌人却要留神。

——印度谚语

躲过"朋友"挖的坑

明枪易躲，暗箭难防。对于来自背后的伤害，我们常常会感到束手无策，尤其是这只背后的黑手来自朋友的时候，你很有可能会因此陷入困境中，因为我们通常会对朋友放松警惕，会无条件地信任对方，这样就给了对方可乘之机。

说起股神巴菲特，很多人都认为他是一个善于投资的人，可巴菲特自己并不这样认为，因为在很多投资领域，他都是输家。巴菲特不是全能的人，在很多方面他也需要依赖朋友，需要依靠高人的指点，正是因为这个软肋，他常常被一些坏朋友所误导。

20世纪50年代，巴菲特一度痴迷邮票，他渴望投资邮票，而这源于他的一位朋友。这个朋友也是生意场上的老手，他和巴菲特一样热衷于股票交易，而且很多时候两个人还是竞争对手。

巴菲特认为朋友之间有竞争是好事。正因为这样，巴菲特经常和这位朋友一起讨论邮票，对方似乎也愿意和他共享信息，更主要的是，在这一领域，巴菲特只是一个什么也不会的新手，他迫切需要寻找一位导师。

有一天，这位好朋友告诉巴菲特，四美分的蓝鹰邮票将要被五美分的红鹰邮票所取代,那个时候可以大量收集蓝鹰邮票,刻意制造奇货可居的局面,那么很多收藏家就会前来收买这种过期的邮票,从而有效提高邮票的价格。巴菲特觉得很有道理,于是就花费十万美元购买了蓝鹰邮票。可是当红鹰邮票发行之后,巴菲特手中的蓝鹰邮票却没能抛售出去,最后只能降价处理,这一次投资让他亏损严重。

事后有人提醒他,说他被人骗了,因为在尚未完全退出市场的邮票上投资,摆明了是自找亏损。

一想到这件事,他就非常生气,不过正是因为这件事让他看清了朋友的真面目。此后,他无论是和别人合伙做生意还是投资,都显得很谨慎,正是因为这样,他才能够成为股市的常胜将军。

在生活中,我们常常会发现自己莫名其妙地被人挖坑,而且对方能够非常准确地把握住我们的缺点,能够非常有效地打击我们的软肋。

稍微了解历史的人都知道,宋朝时期,中国的北方有一个强大的契丹族,这个民族的人很少,经济也不发达,却总是兵强马壮,几乎成了大宋最强大的敌人。

那么,为什么契丹人总是能够给大宋王朝制造麻烦呢?关于这一点,可以从契丹人喝水的细节看出一二。每一个契丹人在河边喝水的时候,都不像平常人那样直接弯着腰去取水喝,而是采取单腿跪地的半蹲姿势,右手握兵器,左手取水喝。

也许你会嘲笑这样的姿势,明明可以很好地喝到水,为什么要浪费体力摆出这样的姿势呢?实际上,契丹人也曾和平常人一样喝水,但是河边常有野兽出没,会从背后发动攻击,威胁很大。此外,一些外族的奸细会在契丹士兵喝水的时候趁机从背后发动攻击,从而给契丹士兵造成很大的威胁和伤害。正因为吸取了这样的教训，契丹人开始变得警觉，每次喝水都采取半蹲姿势，这样能够尽可能地观察到身后的情形，谨防来自背后的那只黑手。

与富于算计的人相处，需要保持这种谨慎之心，这是一种自我保护。

【鉴招拆招】

背后伤人往往不是君子所为，而在背后向朋友施加毒手，更是不道德的。如果你有这样一个朋友，那么要小心谨慎，最好尽早离开他，离得越远越好，尽量让他消失在你的生活圈。

不论是任何坏事，假如你想发现那做坏事的人，就先得去发现谁能从那件坏事中取利。

——亚历山大·大仲马

如果有一个"笑面虎"朋友

生活中不能太讲情面，情面是留给善良、正直的人的。如果你有一个"笑面虎"朋友，而且是个内心不友善的"笑面虎"，他经常有意亵渎你的情面，利用你的善意，那么情面是万万不能给他的。

通常，他们用得着你的时候，恨不得把心交给你，在你面前总是一副笑容可掬的样子，也很通情达理。但是，如果你稍有不慎，没有满足他们的某种欲望，或是让他们感到不舒服了，那你之前的所有付出就都白费了，面对你的只能是一张冷若冰霜的脸。

小赵是个实在人，他乐善好施，见谁有难处，不帮心里就过意不去。有一次，同事小陈工作出了些状况，公司领导很是不满，又是找他谈话，又是拿他作反面典型。小陈有点受不了，一气之下就辞职了。辞职那天，离月底发工资还有十来天。上个月的房租还没有交清，现在又快没工作了，以后的日子想想都难。小赵很同情他，建议他先不要辞职，小陈决意要走，说领导故意找他的毛病，看他不顺眼。小陈离开公司那天，说自己身上没钱了，吃饭都成问题，现在只能先把公交卡里的钱退了。小赵一听，觉得他挺可怜，便说："你先不要退卡，我这里正好有些钱，你先拿去急用。"随后，他从兜里掏出五百元塞到小陈手里。小陈顿了下，说："也好，我发了工资就还你。"

小赵说:"不急,你先拿去用。"

小陈有些小激动,连声说"谢谢"。

发工资那天,小陈把钱还给了小赵。过了两天,小陈在微信上问小赵,可不可以再借自己一千元备用,现在工作还没着落,找到工作就还他。小赵什么也没问,如数给他转账过去了。

一个月,两个月,小陈没有要还钱的意思。小赵想问又不好意思,怕伤了他的面子。就在他打算如何意会小陈时,小陈来了电话,说:"赵哥,兄弟又要麻烦你了。上回借你的钱我暂时还不上,我刚买了一个二手笔记本电脑,现在手头又紧了,你再借给我两千元好吗?"

小赵有些犹豫,自己也是打工的,挣的是工资,再说你手头紧还买电脑,实在让人费解,于是说:"我现在手头也紧。"

见他迟疑,小陈有些不高兴了,立马变了个声调说:"那好吧。"然后便挂了电话。

一个月后,小赵主动向小陈提起还钱的事,小陈有些不情愿,但三天后还是还上了。随后,小陈在自己的朋友圈发了条信息,大意是:不要感恩那些曾帮助你的人,他们帮你,是施舍,是看你可怜……

小赵觉得他意有所指。果不其然,他看完这条信息后,就再也进不去小陈的朋友圈了,他被拉黑了。

像小陈这样用人朝前,不用人朝后,且敏感多疑的人,在我们身边有不少。这样的人是典型的假面朋友,他们和你套近乎,和你交朋友,是想从你身上得到些什么。这种人一般嘴甜、心细、脸皮厚,即使做错了事,也往往会把责任转嫁和推卸到其他人身上去,而一旦有了功劳,又会极力地吹嘘自己的贡献和成绩。

与这样的人交往，你要自始至终惯着他，处处让他顺心才行。否则，稍有一点不满，他多半会完全否定你，曾经你对他的支持和帮助，也多半会化为其满腹牢骚与无尽怨言。对这样的朋友，只能送他一个字，就是"走"，甭说朋友，他们连一个"人"字都写不好，怎配得上"友"？

【鉴招拆招】

那种表面对你笑，背后已经骂你好几百遍的人，尽量不要当朋友来对待，更不能随意给其面子。你给了，他多半会得寸进尺且不会念你一点恩情。人与人之间，关系越简单越好，越纯粹越好。